KARLHEINZ KNAUTHE

Kausales Rechtsdenken und Rechtssoziologie

Schriftenreihe zur
Rechtssoziologie und Rechtstatsachenforschung

Herausgegeben von Prof. Dr. Ernst E. Hirsch

Band 14

Kausales Rechtsdenken und Rechtssoziologie

Eine Würdigung der Lehre von Müller-Erzbach

Von

Dr. Karlheinz Knauthe

DUNCKER & HUMBLOT / BERLIN

Alle Rechte vorbehalten
© 1968 Duncker & Humblot, Berlin 41
Gedruckt 1968 bei Alb. Sayffaerth, Berlin 61
Printed in Germany

Inhaltsverzeichnis

Einleitung 9

Erstes Kapitel

Die Interessenjurisprudenz und das kausale Rechtsdenken 11

Erster Abschnitt: Die Interessenjurisprudenz 12
- § 1 Die Faktoren der Rechtsbildung 12
- § 2 Interessenjurisprudenz und Rechtsanwendung 13
  1. Der gesetzliche Interessenschutz 13
  2. Die Grenzen des Interessenschutzes 14
- § 3 Die Auslegung rechtsgeschäftlicher Erklärungen 15

Zweiter Abschnitt: Das kausale Rechtsdenken 16
- § 4 Das kausale Rechtsdenken in seiner Einstellung zu den übrigen Rechtslehren seiner Epoche 16
  1. Seine Einstellung zur Begriffsjurisprudenz 16
  2. Die Einstellung des kausalen Rechtsdenkens zur Gefühlsjurisprudenz 18
  3. Die Einstellung des kausalen Rechtsdenkens zur herkömmlichen Interessenjurisprudenz (Tübinger Schule) 18
- § 5 Die Hinwendung zur naturwissenschaftlichen Ursachenforschung .. 19
- § 6 Die maßgebenden Lebensfaktoren 20
  1. Das Bedürfnis 21
  2. Das Beherrschungsvermögen 22
  3. Das Vertrauen 23
- § 7 Die typische Beschaffenheit der Lebensfaktoren 24
- § 8 Die Ursachenforschung im Sinne des kausalen Rechtsdenkens 24
  1. Die Kausalität 24
  2. Die Schwierigkeiten der Ursachenforschung und deren Verhältnis zur teleologischen Methode 26
- § 9 Das Bewerten der Lebensfaktoren durch das Recht 27
  1. Das Bewerten des Interesses 28
  2. Das Bewerten der Macht 29
- § 10 Das Gestalten der Macht durch das Recht 29
- § 11 Die Interdependenz zwischen Sozialleben und rechtlicher Ordnung 31
- § 12 Das Erfassen rechtsgeschäftlicher Erklärungen 31
- § 13 Die Anwendung des kausalen Rechtsdenkens 32

Zweites Kapitel

Das Verhältnis des kausalen Rechtsdenkens zur Rechtssoziologie und zur soziologischen Jurisprudenz ... 33

Erster Abschnitt: Die Rechtssoziologie und die soziologische Jurisprudenz ... 34

§ 14 Der Gegenstand und die Arbeitsweise der Rechtssoziologie im Allgemeinen ... 34
§ 15 Die empirische und die theoretische Rechtssoziologie ... 38
    1. Der empirische Zweig der Rechtssoziologie ... 38
    2. Der theoretische Zweig der Rechtssoziologie ... 39
§ 16 Die soziologische Jurisprudenz ... 39

Zweiter Abschnitt: Das kausale Rechtsdenken und die empirische Rechtssoziologie ... 40

§ 17 Die Erforschung der Interdependenz zwischen sozialer Wirklichkeit und lebendem Recht durch das kausale Rechtsdenken ... 40
§ 18 Eine Analyse einzelner Schriften Müller-Erzbachs unter dem Gesichtspunkt des lebenden Rechts ... 42
    1. Die frühen Arbeiten Müller-Erzbachs ... 42
    2. Die späten Arbeiten Müller-Erzbachs ... 45
    3. Zusammenfassung ... 46

Dritter Abschnitt: Das kausale Rechtsdenken und die theoretische Rechtssoziologie unter dem Gesichtspunkt der kausalen Gesetzmäßigkeit ... 48

§ 19 Die mittelbare Kausalität bei Müller-Erzbach ... 48
    1. Das Kausalitätsprinzip in der Mikrophysik ... 49
    2. Der Gesichtspunkt der Bewertung für die mittelbare Kausalität ... 51
§ 20 Die fehlenden theoretischen Voraussetzungen bei der mittelbaren Kausalität ... 53

Vierter Abschnitt: Das kausale Rechtsdenken und die theoretische Rechtssoziologie unter dem Gesichtspunkt der Funktionalität ... 55

§ 21 Der Funktionsbegriff als Kriterium rechtssoziologischer Theorie ... 55
§ 22 Durkheim und der Funktionsbegriff ... 56
§ 23 Der Funktionsbegriff in der strukturell-funktionalen Theorie Parsons' ... 57
    1. Die Schaffung einer systematischen Theorie ... 58
    2. Das Bezugssystem „soziales Handeln" ... 58
    3. Die Voraussetzungen einer dynamischen Analyse ... 59
    4. Das Konstantsetzen von Variablen ... 60
    5. Die Verbindung von Konstanten mit Variablen durch den Funktionsbegriff ... 61
    6. Der Handelnde in seiner Rolle ... 62
§ 24 Der Funktionsbegriff bei Merton ... 63

§ 25 Definition eines allgemeinen Funktionsbegriffs für die Untersuchung des kausalen Rechtsdenkens und die zugrundezulegenden Konstanten 65
    1. Die Heuristik des allgemeinen Funktionsbegriffs 65
    2. Die Bestimmung der Konstanten und Variablen in Anlehnung an die strukturell-funktionale Theorie 67
§ 26 Die Anwendung des Funktionsbegriffs und der strukturell-funktionalen Theorie auf das kausale Rechtsdenken 67
    1. Der mathematische Funktionsbegriff im kausalen Rechtsdenken 68
    2. Der soziologische Funktionsbegriff und die strukturell-funktionale Theorie im kausalen Rechtsdenken 69
        a) Die Variablen und Konstanten in der kausalen Rechtslehre .. 70
        b) Die Verbindung der Variablen mit den Konstanten 73
            aa) Der Idealtyp vom Rechtsleben als Bezugspunkt 74
            bb) Die bewußt dysfunktionale Rechtsbildung 76
            cc) Die Funktionalität in der kausalen Rechtslehre, dargestellt an drei Beispielen 77
        c) Die Rechtsfortbildung und die strukturell-funktionale Theorie 80
§ 27 Das kausale Rechtsdenken und die Problematik des sozialen Wandels 82
    1. Die Problematik im allgemeinen und Dahrendorfs Lösungsvorschlag 82
    2. Die von Müller-Erzbach geforderte kausale Geschichtsschau 83
§ 28 Der Handelnde als Rollenträger 85

Fünfter Abschnitt: Das kausale Rechtsdenken und die soziologische Jurisprudenz 86
§ 29 Die soziologisch orientierte Aufstellung von Rechtsnormen als Postulat des kausalen Rechtsdenkens 86
§ 30 Die rechtssoziologischen Erkenntnisse bei der Anwendung des Rechts 87

Drittes Kapitel

Die Interessenabwägung im Rahmen des kausalen Rechtsdenkens 89

Erster Abschnitt: Die gesetzlichen Prinzipien der Interessenabwägung .. 89
§ 31 Die Interessenbewertung als eine Unterart der Interessenabwägung 89
§ 32 Das Interesse als Bewertungsobjekt und als Bewertungsmaßstab .. 91
§ 33 Der Mangel an umfassenden Bewertungsmaßstäben in der kausalen Rechtslehre 92
    1. Das Erfordernis eines Katalogs von gesetzlichen Bewertungsprinzipien 93
    2. Die Unvollständigkeit der kausalen Rechtslehre hinsichtlich der Bewertungsprinzipien 96

Zweiter Abschnitt: Die außergesetzlichen Prinzipien der Interessenabwägung 97

§ 34 Der Entwicklungsgang der unabhängig vom Gesetz wirksamen Prinzipien 97

§ 35 Die Konfliktslösung bei widerstreitenden Interessen 98

Viertes Kapitel

Abschließende Beurteilung 100

§ 36 Das kausale Rechtsdenken als rechtssoziologisch orientierte Methode der Rechtsanwendung 100

    1. Die rechtssoziologische Auslegungsmethode 100

    2. Der Gegensatz zur Interessenjurisprudenz im Sinne der Tübinger Schule 101

    3. Der Gegensatz zur Wertungsjurisprudenz 102

§ 37 Die Lehre Müller-Erzbachs im Sinne eines funktionalen Rechtsdenkens und die Gründe für ihren geringen Einfluß auf die Rechtspraxis 103

§ 38 Die Verdienste des kausalen Rechtsdenkens 105

Literaturverzeichnis 107

Einleitung

Das Interesse an Rechtssoziologie und Rechtstatsachenforschung ist in letzter Zeit erheblich gewachsen. Die von den Rechtssoziologen gestellte Frage nach den Zusammenhängen zwischen Sozialleben und Recht beginnt langsam in Rechtswissenschaft und Rechtspraxis an Bedeutung zu gewinnen[1]. Damit wird auch die Lehre vom kausalen Rechtsdenken wieder in den Blickpunkt gerückt; denn bei ihr handelt es sich um eine Methodenlehre[2], in deren Mittelpunkt die Lebensverwurzelung des Rechts steht[3].

Die vorliegende Arbeit will versuchen, die Schriften von Müller-Erzbach[4], dem Begründer dieser Lehre, auf ihr rechtssoziologisches Gedankengut hin zu untersuchen. Dabei soll zugleich die Frage beantwortet werden, ob und inwieweit rechtssoziologische Erkenntnisse in eine juristische Methodenlehre umgesetzt werden können.

Außerdem soll der Versuch unternommen werden, das kausale Rechtsdenken gegen die Interessenjurisprudenz abzugrenzen. Denn in der gegenwärtigen Literatur werden diese beiden Methodenlehren als weitgehend identisch behandelt. Bezeichnend dafür ist, daß Müller-Erzbach ohne weiteres als Hauptvertreter der Interessenjurisprudenz neben Heck und Stoll erwähnt wird, ohne daß die Frage aufgeworfen wird, ob zwischen ihren Anschauungen Unterschiede bestehen, und gegebenen-

---

[1] Vgl. *Larenz*, Methodenlehre der Rechtswissenschaft, Berlin, Göttingen, Heidelberg 1960, insbesondere S. 103 ff. über die Rechtsfortbildung mit Rücksicht auf ein unabweisbares Bedürfnis des Rechtsverkehrs; *Westermann*, Sachenrecht, 4. Aufl., Karlsruhe 1960, S. 214 ff. über die Sicherungsübereignung; vgl. ferner die Rechtsprechung des Bundesgerichtshofs über das Anwartschaftsrecht bei aufschiebend bedingter Übereignung, insbesondere die Entscheidungen BGHZ 20, 88, 94; 35, 85 ff.

[2] Vgl. *Müller-Erzbach*, Das Erfassen des Rechts aus den Elementen des Zusammenlebens, veranschaulicht am Gesellschaftsrecht, AcP 154 (1955) (im folgenden: Erfassen des Rechts), S. 299, 301 ff.

[3] *Müller-Erzbach*, Die Rechtswissenschaft im Umbau, München 1950, S. 2.

[4] Rudolf Müller-Erzbach wurde am 23. 3. 1874 in Perleberg geboren. Im Jahre 1903 wurde er Dozent an der Juristischen Fakultät der Universität Bonn. 1911 erhielt er eine außerordentliche Professur an der Universität Königsberg für Bürgerliches Recht, Handels- und Bergrecht. 1918 wurde er ordentlicher Professor an der Juristischen Fakultät der Universität Göttingen und 1925 in München, wo er am 3. 8. 1959 verstarb.

falls der Versuch unternommen wird, diese aufzuzeigen[5]. Dabei lassen bereits die Bezeichnung „kausales Rechtsdenken", die für eine Anlehnung an naturwissenschaftliche Vorstellungen spricht, und die in Müller-Erzbachs Werken enthaltene Kritik an der von Heck, Stoll und Rümelin vertretenen interessenjuristischen Richtung[6] vermuten, daß Gegenstand und Verfahrensweise beider Lehren verschieden sind.

---

[5] Vgl. *Larenz*, Methodenlehre der Rechtswissenschaft, S. 47 f.; *Fechner*, Rechtsphilosophie, 2. Aufl., Tübingen 1962, S. 59; *Pawlowski*, Problematik der Interessenjurisprudenz, NJW 1958, S. 1561, 1564; ferner *Legaz y Lacambra*, Rechtsphilosophie, Neuwied, Berlin 1965, S. 146, der jedoch auf Müller-Erzbachs späteres Abweichen von der Interessenjurisprudenz hinweist.

[6] *Müller-Erzbach*, Die Rechtswissenschaft im Umbau, S. 13; Das private Recht der Mitgliedschaft als Prüfstein eines kausalen Rechtsdenkens, Weimar 1948 (im folgenden: Recht der Mitgliedschaft), S. 10.

Erstes Kapitel

Die Interessenjurisprudenz und das kausale Rechtsdenken

In seinen Anfangsschriften bekannte sich Müller-Erzbach zur Interessenjurisprudenz, wenngleich er ihr ein eigenes Gepräge gab[1]. Auf der Grundlage der von ihm vertretenen Interessentheorie entwickelte er dann die Lehre vom „kausalen Rechtsdenken"[2], die als weitere Methode neben die drei bereits bestehenden (Begriffsjurisprudenz, Interessenjurisprudenz[3] und Freirechtslehre) trat[4].

Entgegen dieser Auffassung wird die Meinung vertreten, daß die kausale Rechtslehre zwar nicht mit der Interessenjurisprudenz identisch sei, wohl aber eine besondere Art dieser Lehre darstelle[5]. Allein aus der Tatsache, daß eine Theorie auf einer anderen aufbaut, ist jedoch nicht zu schließen, daß es sich lediglich um eine Unterart handelt. Müller-Erzbach weist selbst ausdrücklich darauf hin, daß man in dem „stufenweise entwickelten kausalen Rechtsdenken" keine neue Bezeichnung für eine „einseitige Interessenschau" sehen dürfe[6].

---

[1] *Müller-Erzbach*, Wohin führt die Interessenjurisprudenz?, München 1932 (im folgenden: Interessenjurisprudenz); Die Grundsätze der mittelbaren Stellvertretung aus der Interessenlage entwickelt, Berlin 1905; Deutsches Handelsrecht, 2. und 3. Auflage, Tübingen 1928; Reichsgericht und Interessenjurisprudenz, Reichsgerichtsfestgabe Bd. 2, Berlin, Leipzig 1929, S. 161 ff. Auf diese Werke mag es zurückzuführen sein, daß das kausale Rechtsdenken der Interessenjurisprudenz zugeordnet wird.

[2] Die ersten Ansätze zu dieser Lehre wurden in den kritischen Aufsätzen zur Interessenjurisprudenz in den Jahren 1932—1939 entwickelt, die Hauptschriften entstanden nach dem Krieg: *Müller-Erzbach*, Interessenjurisprudenz (1932); Lassen sich das Recht und das Rechtsleben tiefer und sicherer erfassen?, Leipzig, München 1934; Die Hinwendung der Rechtswissenschaft zum Leben und was sie hemmt, Recht und Staat, Heft 125, 1939; Recht der Mitgliedschaft (1948); Die Rechtswissenschaft im Umbau (1950); Erfassen des Rechts (1955).

[3] *Oertmann*, Interesse und Begriff in der Rechtswissenschaft, Leipzig 1931, S. 11, spricht in diesem Zusammenhang von einer teleologischen Methode.

[4] *Ph. Heck*, Die neue Methodenlehre Müller-Erzbachs, AcP 140 (1935), S. 259.

[5] *Fechner*, Das kausale Rechtsdenken — eine Gefahr für die Rechtswissenschaft?, AcP 151 (1950/51), S. 352, 355; *M. Rehbinder*, Entwicklung und gegenwärtiger Stand der rechtssoziologischen Literatur, Kölner Zeitschrift für Soziologie und Sozialpsychologie 16 (1964), S. 533, 545.

[6] *Müller-Erzbach*, Die Rechtswissenschaft im Umbau, S. 15.

Da für das Verständnis der Lehre vom kausalen Rechtsdenken deren Entwicklung wesentlich ist, soll zunächst auf die Ausgangsstellung, die einst von Müller-Erzbach vertretene Interessenjurisprudenz, eingegangen werden.

Erster Abschnitt

Die Interessenjurisprudenz

§ 1 Die Faktoren der Rechtsbildung

In seiner Schrift „Wohin führt die Interessenjurisprudenz?" stellt Müller-Erzbach fest, daß diese Lehre in dem *Bedürfnis* bzw. Interesse den eigentlichen Schöpfer des unter den Menschen wirklich geltenden Rechts sehe, genau so wie die Technik ihr Entstehen und ihr Dasein den Lebensbedürfnissen verdanke[7].

Weder das Bedürfnis einzelner noch das ganzer Bevölkerungskreise genüge jedoch, um Rechtsbildungen hervorzubringen. Es bedürfe dazu immer noch der *Macht* bzw. der *Machtentwicklung*[8]. Das bedeute, daß bei der Bildung des Rechts nur diejenigen Interessen berücksichtigt werden, die mit einem entsprechenden Machtaufwand geltend gemacht werden[9]. Müller-Erzbach versteht dabei unter Macht alles, „was im Gemeinschaftsleben Einfluß gewährt, mag es auch ein rein geistiger Einfluß auf die Gemüter der Rechtsgenossen sein", wie z. B. die öffentliche Meinung[10].

---

[7] *Müller-Erzbach*, a.a.O., S. 8.

[8] Ders., a.a.O., S. 12. Diese Auffassung deckt sich mit den Ansichten von *Ihering*, Der Zweck im Recht, Bd. 1, 5. Auflage, Leipzig 1916, S. 199. Nach Ihering ist „der Bildungsprozeß des Rechts keine Sache der bloßen Erkenntnis, wie bei der Wahrheit, sondern Sache des Kampfes der Interessen, und die Mittel, durch welche er ausgekämpft wird, sind nicht Gründe und Deduktionen, sondern Aktion und Energie des nationalen Willens". Das gleiche gelte für das bereits in Kraft befindliche Recht: es bedürfe der Macht, um sich durchzusetzen.

[9] Ders., ebd.; s. hierzu *Ph. Heck*, Interessenjurisprudenz, Tübingen 1933, S. 10 f., der hingegen drei Rechtselemente nennt: Rechtsgebote, Lebensinteressen und wissenschaftliche Allgemeinbegriffe.

[10] *Müller-Erzbach*, a.a.O., S. 15.

§ 2 Interessenjurisprudenz und Rechtsanwendung

1. Der gesetzliche Interessenschutz

Der Schwerpunkt der von Müller-Erzbach vertretenen Interessenjurisprudenz liegt auf dem Gebiet der Rechtsanwendung, insbesondere der Gesetzesauslegung[11]. Da nach dieser Lehre das Gesetz dem Schutz bestimmter Interessen dient, muß sich der Richter fragen, *wessen Interessen* durch die konkrete Vorschrift, die im gegebenen Fall als anwendbar erscheint, geschützt werden[12].

Steht dies fest, dann stellt sich häufig dem Richter die weitere Frage, *welches* Interesse hier geschützt wird, *in welche Richtung* sich der gesamte Interessenschutz bewegt und wo er seine *Grenze* hat[13].

Müller-Erzbach führt hierzu als Beispiel die Vorschrift des § 12 BGB an. Er geht davon aus, daß diese Vorschrift auf Grund ihrer systematischen Stellung im Gesetz nur den Schutz der „natürlichen" Personen bezwecke[14]. Schutzwürdiges Interesse sei folglich allein das *persönliche* Interesse an der Kennzeichnung der Einzelpersönlichkeit und an der Familienzugehörigkeit. Aus diesem Grunde kritisiert er die Rechtsprechung des Reichsgerichts, wonach auch juristischen Personen der Namensschutz des § 12 BGB zugesprochen wird[15]. Das Reichsgericht habe es unterlassen zu prüfen, ob das schutzwürdige Interesse der Verbände dasselbe sei wie das in § 12 BGB vom Gesetzgeber geschützte[16].

---

[11] *Müller-Erzbach*, Interessenjurisprudenz, S. 46.
[12] Ders., a.a.O., S. 48 f. So wolle z. B. die zwingende Vorschrift des § 67 HGB, wonach gleiche Kündigungsfristen für den Handlungsgehilfen und für seinen Arbeitgeber gelten, die Interessen des Gehilfen schützen, RGZ 69, 320 (321); vgl. ferner BAG NJW 1964, S. 123, wonach auch Kündigungserschwerungen für den Kreis der Handlungsgehilfen unzulässig sind.
[13] *Müller-Erzbach*, a.a.O., S. 51; Lassen sich das Recht und das Rechtsleben tiefer und sicherer erfassen?, S. 7.
[14] Ders., Interessenjurisprudenz, S. 56 ff.
[15] RGZ 74, 114 (115 f.); 109, 213 (214 f.); 117, 215 (218).
[16] *Müller-Erzbach*, Interessenjurisprudenz, S. 57. Wenn es sich auch bei der juristischen Person nicht um rein persönliche Interessen handelt, so ist doch zumindest eine Ähnlichkeit der Interessenlagen gegeben: Sowohl bei der Einzelpersönlichkeit als auch bei einem erwerbswirtschaftlich tätigen oder ideellen Verband in Gestalt einer juristischen Person geht es um die Kennzeichnung. Da außerdem ein großes Schutzbedürfnis der juristischen Personen hinsichtlich ihres Namens oder ihrer Firma besteht — man denke nur an den Konkurrenzkampf zwischen den einzelnen Wirtschaftsunternehmen —, erscheint die Anwendung des § 12 BGB entgegen der Auffassung Müller-Erzbachs durchaus gerechtfertigt. Auch § 37 HGB steht dem nicht entgegen, vgl. Abs. 2 Satz 2. Vgl. ferner *Schlegelberger*, Handelsgesetzbuch, 1. Bd., 4. Aufl., Berlin, Frankfurt 1960, § 37 Anm. 1; *Baumbach-Duden*, Handelsgesetzbuch, 15. Aufl., München, Berlin 1962, § 37 Anm. 3 B; der BGH hat sich ebenfalls in ständiger Rechtsprechung dem Reichsgericht angeschlossen, vgl. BGH LM § 16 UWG Nr. 6.

Durch dieses Beispiel könnte der Eindruck entstehen, als sträube sich Müller-Erzbach gegen eine dynamische Rechtsanwendung, die veränderten Interessenlagen gerecht wird. Dies ist jedoch nicht der Fall. Auch er verlangt eine der jeweilig gegebenen Interessenlage entsprechende Entscheidung[17]. Nur soll der Richter nicht durch gedankliche Konstruktionen zu einer Ähnlichkeit der Interessenlagen gelangen, um das Gesetz doch noch *analog* anzuwenden, obwohl eine Analogie vom Interessenstandpunkt aus überhaupt nicht mehr vorliegt. Vielmehr soll er in solchen Fällen das Recht bewußt *fortbilden*, d. h. sich bewußt sein, „daß er Neuland betritt, und daß er sich Klarheit über die Grenzen des von ihm erweiterten Rechtsschutzes verschafft"[18].

Es geht also Müller-Erzbach allein darum, die Verantwortung des Richters für die Rechtsfortbildung aufrechtzuerhalten, damit er nicht „für geltendes Recht ausgibt, was doch erst ein neugeschaffenes und von ihm angebahntes Recht werden soll"[19].

2. Die Grenzen des Interessenschutzes

Die Frage nach den Grenzen des Interessenschutzes wird von Müller-Erzbach nach dem Grundsatz entschieden, daß der gesetzliche Schutz dort aufhöre, wo ein anderes Interesse entgegenstehe, das dem Recht als höherrangig und schutzwürdiger erscheine. Zur Beantwortung dieser Frage ist also eine Interessenabwägung erforderlich.

Diese werde durch das Gesetz vorgenommen, das eine Aussage darüber treffe, welches Interesse als höherrangig zu bewerten sei. Die Aufgabe des Richters beschränke sich folglich darauf, diese durch das Gesetz vorgenommene Interessenabwägung zu erkennen und festzustellen, daß das Gesetz gerade diesem Interesse den Vorzug gegeben hat[20].

Ein Beispiel soll dies veranschaulichen: Das Interesse, das der Gesellschafter einer oHG an der Aufhebung seiner Beitrittserklärung hat, geht dem Interesse der Gesellschaftsgläubiger an der Erhaltung des Gesellschaftsvermögens als Befriedigungsobjekt nach. Das Interesse des Gesellschafters an der Anfechtung seiner Beitrittserklärung wird durch die §§ 119 ff. BGB geschützt. Die Bevorzugung des Gläubigerinteresses muß sich nun aus dem Gesetz ergeben, das über die Bewertung der entgegenstehenden Interessen eine Entscheidung getroffen hat.

---

[17] Vgl. Müller-Erzbachs Ausführungen über die Haftung des Geschäftsherrn bei schuldhaftem Verhalten seiner Hilfspersonen, Interessenjurisprudenz, S. 65 f.
[18] *Müller-Erzbach*, a.a.O., S. 57.
[19] Ders., ebd.
[20] Ders., a.a.O., S. 62.

Hierfür könnte § 155 HGB herangezogen werden, wonach das Interesse der Gesellschafter an der Verteilung des Liquidationserlöses zurückzustellen ist hinter das Interesse der Gesellschaftsgläubiger, befriedigt zu werden. Aus dieser Vorschrift kann geschlossen werden, daß der Gesetzgeber das Interesse der Gesellschaftsgläubiger an der Erhaltung des haftenden Kapitals höher bewertet als das Interesse eines Gesellschafters an der Aufhebung seiner Beitrittserklärung, was eine *rückwirkende* Verringerung des Gesellschaftskapitals zur Folge hätte[21].

Reicht die Beantwortung der soeben behandelten Fragen nicht aus, um die Anwendbarkeit eines Gesetzes zu bejahen, so muß der Richter die gesamte Interessenlage aufdecken, d. h. alle rechtspolitischen Gründe erforschen, welche die Vorschrift veranlaßt haben[22]. Denn der Richter darf nach Müller-Erzbach nur dann eine gesetzliche Norm anwenden, wenn die darin vorausgesetzte Interessenlage mit der im gegebenen Fall übereinstimmt[23].

§ 3 Die Auslegung rechtsgeschäftlicher Erklärungen

Die für die Gesetzesauslegung geltenden Grundsätze will Müller-Erzbach auch auf die Deutung rechtsgeschäftlicher Erklärungen anwenden[24]. Demgemäß ist auf die *nächstliegenden Interessen* der Vertragspartner abzustellen, die diese mit ihren Erklärungen verfolgen[25]. Als Beispiel führt Müller-Erzbach einen Fall aus der Rechtsprechung des Reichsgerichts an, der auch heute noch aktuell ist[26]: Fraglich war, ob eine rechtsgeschäftliche Erklärung, die ein Dritter dem Gläubiger gegenüber abgab, als ein Bürgschaftsversprechen oder eine kumulative Schuldübernahme anzusehen war. Diese Frage war von Bedeutung wegen des Erfordernisses der Schriftform (§ 766 BGB) und der Haftungsfolgen. Das Reichsgericht ging hier von der Interessenlage der Parteien aus. Hat der in die Schuld Eintretende ein *eigenes* wirtschaftliches Interesse an der Aufrechterhaltung der Schuld oder an ihrer

---

[21] *Müller-Erzbach*, Interessenjurisprudenz, S. 62 f.; vgl. BGHZ 26, 330 (335 f.), wonach sogar der getäuschte Gesellschafter zur Leistung seiner Einlage verpflichtet wird, damit die eingetretenen Vermögensverluste auf die übrigen ebenfalls getäuschten Gesellschafter entsprechend ihren Einlagezusagen einheitlich verteilt werden können.
[22] *Müller-Erzbach*, Interessenjurisprudenz, S. 64; Lassen sich das Recht und das Rechtsleben tiefer und sicherer erfassen?, S. 36.
[23] Ders., Interessenjurisprudenz, S. 126 f.
[24] Ders., a.a.O., S. 83; Lassen sich das Recht und das Rechtsleben tiefer und sicherer erfassen?, S. 28, 34 ff.; Die Rechtswissenschaft im Umbau, S. 107 ff.
[25] So auch *Wüstendorfer*, Die deutsche Rechtsprechung am Wendepunkt, AcP 110 (1913), S. 219, 249.
[26] RGZ 90, 415 (418).

Erfüllung, so handelt es sich um eine kumulative Schuldübernahme. Fehlt dem Mitübernehmer dieses eigene unmittelbare Interesse, so handelt es sich um eine Bürgschaftserklärung, die der schriftlichen Form bedarf[27].

Zweiter Abschnitt

Das kausale Rechtsdenken

§ 4 Das kausale Rechtsdenken in seiner Einstellung zu den übrigen Rechtslehren seiner Epoche

Nach der Darstellung der von Müller-Erzbach vertretenen Interessenjurisprudenz soll nun seine Einstellung zu den übrigen Rechtslehren dieser Epoche untersucht werden. Diese Einstellung ist nicht nur als ein wesentliches Merkmal des kausalen Rechtsdenkens anzusehen, sondern bildet gleichzeitig einen weiteren Ausgangspunkt für seine Entwicklung.

1. Seine Einstellung zur Begriffsjurisprudenz

Müller-Erzbach stellt die kausale Rechtslehre in einen scharfen Gegensatz zur Begriffsjurisprudenz. Dementsprechend nimmt er in seinen Abhandlungen jede Gelegenheit wahr, die Begriffsjurisprudenz heftig zu bekämpfen[28].

Insbesondere wirft er ihr vor, daß sie von der Allgemeingültigkeit der Rechtsbegriffe ausgehe und für sich in Anspruch nehme, allein mit diesen die Welt des Rechts begreifen zu können[29]. Müller-Erzbach sieht darin die Gefahr, daß die durch ein begriffliches Erfassen erzielten Ergebnisse dem Subjektivismus ausgesetzt sind. Nach seiner Meinung sind alle Rechtsbegriffe relativ. Inhalt und Tragweite dieser Begriffe hängen ihm zufolge weitgehend davon ab, welchen Standort der Betrachter der Begriffe eingenommen hat und aus welcher *Blickrichtung* her er die Begriffe bilden oder anwenden will. Es sind Hilfsmittel der Erkenntnis,

---

[27] Vgl. BGHZ 6, 385 (397); OLG München, MDR 1965, 573 f.; *Palandt-Danckelmann*, Bürgerliches Gesetzbuch, 25. Aufl., München, Berlin 1966, Überblick vor § 414 2 b; *Erman-Westermann*, Handkommentar zum BGB, 1. Bd., 3. Aufl., Münster 1962, Vorbem. zu § 414, Anm. 5; *Larenz*, Lehrbuch des Schuldrechts, 1. Bd., Allg. Teil, 7. Aufl., München, Berlin 1964, S. 367.
[28] *Müller-Erzbach*, Die Rechtswissenschaft im Umbau, S. 8, 18 ff.; Recht der Mitgliedschaft, S. 11; Erfassen des Rechts, S. 300 ff.
[29] Ders., Die Rechtswissenschaft im Umbau, S. 8.

von gewissen Vorstellungen geprägt und an einen Zweck gebunden. Da dieser Zweck Wandlungen unterliegt, ist ihre Bedeutung nicht absolut feststellbar[30]. So wird z. B. der Begriff „Eisenbahn" in seiner Bedeutung verschieden sein, je nachdem ob es sich um eine Gefahrenquelle mit entsprechend scharfer Haftung handelt (§ 1 Haftpflichtgesetz) oder um ein Beförderungsunternehmen, bei dem es um die vertragliche Erfüllung geht. Ebenso hängt der Begriff „Staat" von dem jeweiligen Zweck ab, der dem Staat zugeordnet wird[31].

Müller-Erzbach spricht daher von der *Standortsgebundenheit* der Begriffe und ihrer *Relativität*[32]. Dementsprechend können sie wegen fehlender Allgemeingültigkeit auch kein geeignetes Mittel für eine durchgreifende Erkenntnis unserer Rechtserscheinungen sein. In diesem Zusammenhang bezeichnet Müller-Erzbach Gierkes Theorie der realen Verbandspersönlichkeit[33] als das Ergebnis eines willkürlichen Dehnens der Begriffe „real" und „wirklich", ohne daß man damit die Rechtserscheinung des Verbandes erkannt habe[34].

Die kompromißlose Ablehnung der Begriffsjurisprudenz, insbesondere in Form der Inversionsmethode, führt jedoch bei Müller-Erzbach nicht zu einer Ablehnung alles Begrifflichen, wie ihm häufig zu Unrecht vorgeworfen wird[35]. Ausdrücklich betont er, daß das begriffliche Erfassen des Rechtslebens durch ein kausales Ergreifen der Lebensfaktoren *ergänzt* werden müsse, die kausale Rechtsbetrachtung also das begriffliche Erfassen nicht erübrige. Ein Rechtsdenken ohne Begriffe sei überhaupt nicht vorstellbar[36].

Das Erfordernis einer klaren und scharfen Begriffsbildung wird also auch von Müller-Erzbach anerkannt, nur wendet er sich gegen den allzu großen Begriffskult, durch den sich die formale Richtung auszeichnet.

---

[30] *Müller-Erzbach*, a.a.O., S. 19; Recht der Mitgliedschaft, S. 11.
[31] Ders., Die Rechtswissenschaft im Umbau, S. 20.
[32] Ders., Die Relativität der Begriffe und ihre Begrenzung durch den Zweck des Gesetzes, Iherings Jb. Bd. 61 (1912), S. 343, 373; Die Hinwendung der Rechtswissenschaft zum Leben und was sie hemmt, S. 13; Recht der Mitgliedschaft, S. 11; Die Rechtswissenschaft im Umbau, S. 19; Erfassen des Rechts, S. 300.
[33] *v. Gierke*, Die Genossenschaftstheorie und die deutsche Rechtsprechung, Berlin 1887, S. 9.
[34] *Müller-Erzbach*, Recht der Mitgliedschaft, S. 13.
[35] So u. a. *Fechner*, Das kausale Rechtsdenken — eine Gefahr für die Rechtswissenschaft?, S. 355.
[36] *Müller-Erzbach*, Erfassen des Rechts, S. 301; *Sauer*, Buchbesprechung zu: Die Rechtswissenschaft im Umbau, DRiZ 1950, S. 120; vgl. in diesem Zusammenhang über das Verhältnis der Interessenjurisprudenz zur Begriffsjurisprudenz *Pawlowski*, Mittelbares und unmittelbares Rechtsdenken, NJW 1955, S. 130: „In Wahrheit kann die Interessenjurisprudenz nur ein Hilfsinstrument der insoweit unzulänglichen Begriffsjurisprudenz sein."

2. Die Einstellung des kausalen Rechtsdenkens zur Gefühlsjurisprudenz

Müller-Erzbachs Auffassung von der sogenannten Gefühlsjurisprudenz ist für das Verständnis des kausalen Rechtsdenkens ebenfalls aufschlußreich. Er versteht unter Gefühlsjurisprudenz jene richterlichen Entscheidungen, die sich ohne dogmatische Begründungen nur auf das Rechtsempfinden oder das Rechtsgefühl stützen[37]. Gefühlsregungen, deren Wirkung auf Rechtsbildung und Rechtsprechung die kausale Rechtslehre nicht verkennt, sind nach ihrer Meinung jedoch irrelevant, wissenschaftlich nicht faßbar[38], sie sind zu trennen von jenen Lebensfaktoren, die objektiv und verstandesmäßig festgestellt werden können. Die zahlreichen auf der Grundlage der Gefühlsjurisprudenz verfaßten Werke über die Generalklauseln der §§ 157, 242, 826 BGB seien daher „Bankerotterklärungen der deutschen Rechtswissenschaft"[39].

Dabei sei diese Flucht in die Generalklauseln nur eine Folge davon, daß die Interessenlage nicht erschöpfend geprüft worden sei. Sowohl die Interessenlage als auch die vom Gesetz vorgenommene Interessenbewertung könnten und müßten aber vom Verstand erfaßt werden[40]. Mit Gefühlen solle sich eine Wissenschaft nicht befassen[41].

3. Die Einstellung des kausalen Rechtsdenkens zur herkömmlichen Interessenjurisprudenz (Tübinger Schule)

Das Verdienst der Interessenjurisprudenz, die Begriffsjurisprudenz in ihren Schwächen erkannt und überwunden zu haben, ist auch Müller-Erzbach zuzusprechen. Je weiter sich ihm jedoch die Kausalmethode erschloß, desto heftiger wurde auch seine Kritik an der herkömmlichen Interessenjurisprudenz. Daß diese Rechtsauffassung nicht europäische Gültigkeit erlangt habe, sei eine Folge davon, daß sie nur Unfertiges habe bieten können[42].

Sie werte die Interessenlage nicht erschöpfend aus und beschränke sich lediglich auf das Lebenselement Interesse. Ferner beschränke sie sich — ein Vorwurf gegen Philipp Heck — auf den Fall des Interessen-

---

[37] *Fechner*, a.a.O., S. 355, spricht in diesem Zusammenhang von der Einbeziehung der Sittlichkeit ins Recht.
[38] *Müller-Erzbach*, Recht der Mitgliedschaft, S. 2 f.
[39] Ders., Die Rechtswissenschaft im Umbau, S. 39.
[40] Ders., Die Rechtswissenschaft im Umbau, S. 38; gegen diese Ansicht Isay, Die Methodenlehre der Interessenjurisprudenz, AcP 137 (1933), S. 33, 40, der die Wertung vom Gefühl her erfassen will.
[41] *Müller-Erzbach*, a.a.O., S. 39.
[42] Ders., a.a.O., S. 15.

§ 5 Die Hinwendung zur naturwissenschaftlichen Ursachenforschung 19

konflikts[43] und übersehe dabei, daß das Recht auch gleichgerichtete Interessen, besonders auf dem Gebiet des Vereinsrechts, gestalte, und zwar die sogenannten Interessengemeinschaften[44]. Außerdem scheine sich die Aufgabe der Interessenjurisprudenz im wesentlichen in der Lückenausfüllung und analogen Rechtsanwendung zu erschöpfen[45]. Wenn Heck bestrebt sei, den Interessenbegriff zu entwickeln, so sei das nicht nur überflüssig, sondern verkenne, daß es sich hier um einen Lebensfaktor, eine rechtsbildende Kraft handele, den begrifflich zu umreißen die Rückkehr zur formalen Einstellung bedeute[46].

§ 5 Die Hinwendung zur naturwissenschaftlichen Ursachenforschung

Die Einstellung der kausalen Rechtslehre zu den dargestellten Rechtsmethoden verschafft schon einen gewissen Einblick in die ihr zugrundeliegende Rechtsauffassung. Den entscheidenden Einfluß auf diese Lehre hatten die Naturwissenschaften. Die Erfolge, die die Naturwissenschaften seit ihrem Aufschwung in der zweiten Hälfte des 19. Jahrhunderts aufweisen, haben Müller-Erzbach veranlaßt, sich mit deren Kausalmethode zu befassen und deren Grundsätze in die Rechtswissenschaft einzuführen[47].

Die Methode der Naturwissenschaft, nach den Ursachen einer Erscheinung zu fragen gemäß ihrer Konzeption, daß Geschehnisse kausal verlaufen und Naturzusammenhänge kausal geknüpft werden[48], ist infolge der Exaktheit der Ergebnisse und der Nachvollziehbarkeit der Erkenntnisse durch Experimente ein Beweis dafür, daß diese Methode in dem Bereich, in dem sie bisher Anwendung fand, konsequent und brauchbar ist. Fraglich bleibt jedoch, ob sie in gleicher Weise für die Erforschung des Phänomens „Recht" Anwendung finden kann.

---

[43] *Müller-Erzbach*, Lassen sich das Recht und das Rechtsleben tiefer und sicherer erfassen?, S. 7; Die Rechtswissenschaft im Umbau, S. 14; Recht der Mitgliedschaft, S. 17 f.
[44] *Müller-Erzbach* beschäftigt sich demgemäß auch in erster Linie mit dem Verbandsrecht, bei welchem es um derartige Interessengemeinschaften geht.
[45] *Müller-Erzbach*, Interessenjurisprudenz, S. 3 f.; s. hierzu *Ph. Heck*, Die neue Methodenlehre Müller-Erzbachs, S. 261 ff., der sich gegen diesen Vorwurf wendet und darauf hinweist, daß die gesamte Rechtswissenschaft — also nicht nur die gesamte Rechtsanwendung — Gegenstand der Interessenjurisprudenz sei; vgl. auch *Ph. Heck*, Das Problem der Rechtsgewinnung, 2. Aufl., Tübingen 1932, S. 34 ff.
[46] *Müller-Erzbach*, Die Rechtswissenschaft im Umbau, S. 13.
[47] Ders., a.a.O., S. 15, S. 67 ff.; Erfassen des Rechts, S. 301.
[48] *Wieacker*, Privatrechtsgeschichte der Neuzeit, Göttingen 1952, S. 334.

Müller-Erzbach vertritt nun die Grundauffassung, daß das Recht wissenschaftlich auf seine Ursachen hin untersucht werden sollte[49] und dies das Hauptanliegen der Rechtswissenschaft sein müsse[50]. Zwar sieht Müller-Erzbach die Schwierigkeit, die die Übertragung des naturwissenschaftlichen Kausalgesetzes auf Verhältnisse des Soziallebens mit sich bringt. Er weist sogar darauf hin, daß sich die Rechtsforschung nicht des *gleichen* Verfahrens wie die Naturwissenschaften bedienen könne, da die Elemente, aus denen die Welt des Rechts sich aufbaue, anderer Art seien als die Faktoren des Naturgeschehens[51].

Die Rechtsfindung könne jedoch erst dann die erforderliche Sicherheit gewinnen, wenn man dazu übergehe, die Rechtswelt kausal zu durchdringen, d. h. die Bildungen des Rechts ursächlich zu erfassen[52]. Dazu gehöre, das Rechtsleben in seine *Elemente* zu zerlegen, so wie es die Naturwissenschaften gezeigt hätten[53]. Denn auch Geschehnisse des menschlichen Lebens seien von erforschbaren Kräften bestimmt, den Kausalfaktoren oder Lebenselementen[54]. Dadurch gelinge es, eine Brücke zu den Naturwissenschaften zu schlagen und einen Zusammenhang zwischen diesen und den Geisteswissenschaften zu schaffen[55].

§ 6 Die maßgebenden Lebensfaktoren

Um den von Müller-Erzbach gebrauchten Kausalitätsbegriff zu verstehen, ist es erforderlich, den für die Rechtsbildung entscheidenden Lebensfaktoren nachzugehen. Nach der Interessenjurisprudenz ist der maßgebliche Lebensfaktor das Bedürfnis bzw. das Interesse der Menschen. Nach dem kausalen Rechtsdenken genügt aber das Bedürfnis allein nicht, um für eine Rechtsbildung ursächlich zu sein. Vielmehr gibt es noch andere Lebensfaktoren, die eine maßgebende Rolle bei der Rechtsbildung spielen, nämlich das Beherrschungsvermögen und das Vertrauen[56].

Wichtig ist, daß sich für Müller-Erzbach die Bedeutung dieser Faktoren aus der Anwendung der Gesetze ergab: Hier erkannte er, daß das Recht Interessen berücksichtigt, von Herrschaftslagen ausgeht und vom

---

[49] S. hierzu *Larenz*, Methodenlehre der Rechtswissenschaft, S. 50.
[50] *Müller-Erzbach*, Die Rechtswissenschaft im Umbau, S. 69 f.
[51] Ders., a.a.O., S. 67 f.
[52] Ders., Erfassen des Rechts, S. 301; vgl. auch *Coing*, System, Geschichte und Interesse in der Privatrechtswissenschaft, JZ 1951, S. 481, 483.
[53] *Müller-Erzbach*, Erfassen des Rechts, S. 303 f.
[54] *Wieacker* (Privatrechtsgeschichte der Neuzeit, S. 334) spricht in diesem Zusammenhang von soziologischem Positivismus.
[55] *Müller-Erzbach*, Die Rechtswissenschaft im Umbau, S. 3.
[56] Ders., a.a.O., S. 13.

Gesichtspunkt des Vertrauens bestimmt wird[57]. Während Heck im wesentlichen auf die Interessenabwägung des historischen Gesetzgebers abstellt, sucht Müller-Erzbach zu typischen, über die historische Einzelsituation hinausgehenden Elementen vorzudringen und kommt dabei zu diesen Lebensfaktoren.

1. Das Bedürfnis

Das Bedürfnis bzw. Interesse behält auch beim kausalen Rechtsdenken seine maßgebliche Stellung als rechtsbildender Lebensfaktor. Dieses Bedürfnis, das geistiger, sittlicher oder materieller Natur sein kann[58], wird durch ein im Menschen gewecktes und zur Geltung gebrachtes Begehren für die Außenwelt erkennbar[59].

Das *objektive* Vorhandensein eines Bedürfnisses vermag dem menschlichen Zusammenleben und daher auch dem Recht noch nicht einen Anstoß zu geben. Erst wenn das objektive Bedürfnis von den Menschen erkannt und als eigenes empfunden wird, erhält es seinen dynamischen Charakter, und zwar als *subjektives* Bedürfnis[60]. Wirken somit Bedürfnis und Begehren auf das menschliche Zusammenleben ein, so werden sie auch auf die Rechtsbildung einwirken, die dieses Zusammenleben regelt. Allerdings wird dies nach der kausalen Rechtslehre nur dann gelten, wenn das Bedürfnis oder Interesse von den maßgebenden Kreisen als schutzwürdig angesehen wird[61].

So werden regelmäßig die Gesellschafter einer oHG, die gemäß § 128 HGB unbeschränkt persönlich für die Gesellschaftsverbindlichkeiten haften, ein Interesse daran haben, daß die oHG wirtschaftlich arbeitet. Dieses Interesse ist als schutzwürdig zu erachten. Der Gesetzgeber hat dem dadurch Rechnung getragen, daß er den Gesellschaftern gemäß den §§ 114 ff. HGB einen weitgehenden Einfluß auf die Tätigkeit der oHG einräumt und sie insbesondere zur Geschäftsführung berechtigt und verpflichtet.

Neu an Müller-Erzbachs Interessengesichtspunkt ist, daß dieser nicht bei allen Rechtsfällen die gleiche Bedeutung haben soll, sondern häufig zugunsten anderer Faktoren zurückweicht[62]. Interessenforschung ist demnach nur dann erforderlich, wenn die Interessen ausschlaggebend

---

[57] *Müller-Erzbach*, Lassen sich das Recht und das Rechtsleben tiefer und sicherer erfassen?, S. 2.
[58] Ders., Erfassen des Rechts, S. 307.
[59] Ders., Die Rechtswissenschaft im Umbau, S. 40 f.
[60] Ders., ebd.
[61] Ders., a.a.O., S. 42.
[62] Ders., Lassen sich das Recht und das Rechtsleben tiefer und sicherer erfassen?, S. 19; Die Hinwendung der Rechtswissenschaft zum Leben und was sie hemmt, S. 5.

die Norm bestimmt haben. Die von der Tübinger Schule vertretene Auffassung, daß dies stets der Fall sei[63], wird von dem kausalen Rechtsdenken damit in Frage gestellt.

2. Das Beherrschungsvermögen

Der zweite für die Rechtsbildung wesentliche Lebensfaktor ist das Beherrschungsvermögen, das sich insbesondere als *Leistungs-* und *Erkennungsvermögen* äußert[64].

Wendet sich jemand an seine Mitmenschen mit einem bestimmten Begehren, so kann dieses nur dann eine bestimmte Wirkung auf die Außenwelt haben und von Erfolg sein, wenn es in der Macht der angesprochenen Mitmenschen liegt, dieses Bedürfnis zu befriedigen. Das Vermögen der Menschen, insbesondere das Leistungs- und Erkennungsvermögen, muß dem Begehren entsprechen[65].

An dieses Vermögen knüpft das Recht gewisse Folgen, setzt es in einigen Fällen offenbar voraus. So ist das Beherrschungsvermögen in seinen verschiedenen Erscheinungsformen auch deswegen wichtig, weil danach das Recht die Verantwortung der Rechtsgenossen für ihr Verhalten, ihre Strafbarkeit und ihre Verpflichtung, Ersatz für einen verursachten Schaden zu leisten, bestimmt[66]. Außerdem ist das Vermögen, eine *Gefahr* zu beherrschen, entscheidend für die Frage, wer die Gefahr zu tragen hat[67]. Dies ergibt sich z. B. aus der Transportgefahr, welche die Interessen des Versenders, Empfängers und Frachtführers an einer ordnungsgemäßen Ankunft der Güter bedroht. Beim Übersenden dieser Güter beherrscht in überwiegendem Maße der Frachtführer die Transportgefahr. Er allein ist in der Lage, eine drohende Gefahr wirksam abzuwehren. Folglich muß er auch die Gefahr für den Untergang und die Beschädigung der Güter tragen. Müller-Erzbach betont, daß nur so die Haftungsregelung des § 429 HGB zu verstehen sei.

Müller-Erzbach bezeichnet dieses Beherrschungsvermögen als *Macht* und die entsprechende Situation als *Machtlage*.

Keineswegs will er aber nur in diesem Sinne den Begriff der Macht verstanden wissen, vielmehr handelt es sich hier nur um eine besondere

---

[63] *Ph. Heck*, Die neue Methodenlehre Müller-Erzbachs, S. 280.

[64] *Müller-Erzbach*, Gefährdungshaftung und Gefahrtragung, AcP 106 (1910), S. 309 ff., insb. S. 415 über die Gefahrenbeherrschung; Recht der Mitgliedschaft, S. 3.

[65] Ders., Die Rechtswissenschaft im Umbau, S. 2; Erfassen des Rechts, S. 307.

[66] Ders., Lassen sich das Recht und das Rechtsleben tiefer und sicherer erfassen?, S. 21.

[67] Ders., Die Rechtswissenschaft im Umbau, S. 13 f., S. 51.

§ 6 Die maßgebenden Lebensfaktoren 23

Ausprägung der Macht. Denn auch in der Lehre vom kausalen Rechtsdenken ist der Machtbegriff dahin zu verstehen, daß er alles umfaßt, was in Gemeinschaften Einfluß gewährt und den Interessen eine gewisse Kraft verleiht, vom Recht berücksichtigt zu werden.

Müller-Erzbach beschäftigt sich im Rahmen dieser Lehre eingehend mit der Machtgestaltung, von der die Rechtsbildung abhängig ist, sowie mit der Tatsache, daß das Recht darauf angewiesen ist, „selbst Macht zu entfalten, um sich durchzusetzen"[68]. Er verwendet demnach den Begriff der Macht einmal im Sinne des Leistungs- und sonstigen Beherrschungsvermögens, zum anderen in dem eben erörterten weiteren Sinne.

Mit Recht spricht Fechner hier von einer Doppeldeutigkeit der Macht[69]. Einmal wird der Begriff der Macht als eine Herrschaftsposition oder Kraft dargestellt, mit deren Hilfe die herrschenden Schichten ihren Interessen rechtliche Geltung verschaffen, zum anderen ist die Macht bei Müller-Erzbach eine Erscheinung, die auch Pflichten hervorzubringen vermag; denn nach der Macht im Sinne des Beherrschungsvermögens bestimmt das Recht die Verantwortung der Rechtsgenossen für ihr jeweiliges Verhalten. Diese Doppeldeutigkeit der Macht hat die Folge, daß manche Ausführungen über das kausale Rechtsdenken Mißverständnisse hervorrufen, da Müller-Erzbach nicht immer scharf genug zwischen diesen beiden Bedeutungen unterscheidet[70].

3. Das Vertrauen

Wenn die Macht des einzelnen Rechtsgenossen, rechtlich bedeutsame Vorgänge zu übersehen, versagt, dann muß dieser Verlust durch das Vertrauen zu den Mitmenschen und ihrem Wort ersetzt werden[71]. Die kausale Rechtslehre sieht daher als dritten Faktor und maßgebendes Lebenselement das Vertrauen an. Es spielt unter anderem eine Rolle bei allen Rechtsscheinsvorschriften des Grundbuchs und des Besitzes.

Wenn das Vertrauen vom Recht berücksichtigt werden soll, so muß dabei stets die Machtlage beachtet werden. Nur sie kann etwas darüber aussagen, ob dem Vertrauen bei einer gesetzlichen Regelung Bedeutung eingeräumt werden muß. So wird z. B. der Erwerber einer beweglichen Sache gemäß § 932 BGB in seinem guten Glauben an das Eigentum des Veräußerers, der die Sache im Besitz hat und zwecks Übereignung über-

---
[68] *Müller-Erzbach*, Erfassen des Rechts, S. 308 f.
[69] *Fechner*, Das kausale Rechtsdenken — eine Gefahr für die Rechtswissenschaft?, S. 359.
[70] S. hierzu die Kritik von *Simitis*, Die faktischen Vertragsverhältnisse, Frankfurt/M. 1957, S. 25; vgl. ferner *Fechner*, Rechtsphilosophie, S. 59 f.
[71] *Müller-Erzbach*, Die Rechtswissenschaft im Umbau, S. 64.

gibt, geschützt. Die Machtlage, d. h. das Erkennungsvermögen, reicht nämlich nicht so weit, daß er alle Umstände feststellen kann, die für oder wider das Eigentum des Veräußerers sprechen. Allein der Besitz der Sache läßt darauf schließen, daß der Veräußerer Eigentümer der Sache ist. Versagt hier also die Macht in Form des Erkennungsvermögens des Erwerbers, so muß das Vertrauen aushelfen, wie es die Vorschrift des § 932 BGB vorsieht.

§ 7 Die typische Beschaffenheit der Lebensfaktoren

Für die Rechtsbildung ist allerdings nicht das Bedürfnis und das Beherrschungsvermögen jedes einzelnen Rechtsgenossen mit allen Besonderheiten maßgebend, vielmehr kommt es auf die typische Beschaffenheit dieser Lebensfaktoren an[72]. Der Gesetzgeber wird sich regelmäßig auf die Bedürfnisse konzentrieren, welche die Menschen in bestimmten Situationen gewöhnlich haben. Demnach sind für das Recht *typische* subjektive Interessen entscheidend[73].

Entsprechend kommt es nach der kausalen Rechtslehre nur auf das „durchschnittliche und typische Erkennungs- und Beherrschungsvermögen" an[74]. So darf der Gesetzgeber davon ausgehen, „daß in seinem Bereich gewöhnlich mit der Vollendung des 21. Lebensjahres ein hinreichender geschäftlicher Einblick erworben wird"[75].

§ 8 Die Ursachenforschung im Sinne des kausalen Rechtsdenkens

1. Die Kausalität

Diese eben aufgezählten Lebensfaktoren sind nach der kausalen Rechtslehre ursächlich für die Rechtsbildung. Sie bilden die „geistige

---

[72] So auch *E. Durkheim*, Die Regeln der soziologischen Methode, Neuwied, Berlin 1961, S. 148: „Der Durchschnittstypus kann festgestellt werden und bildet den unmittelbaren Stoff der Wissenschaft."

[73] *Müller-Erzbach*, Recht der Mitgliedschaft, S. 8 f.; Die Rechtswissenschaft im Umbau, S. 68; s. ferner: Kann die Kraft der Persönlichkeit die Planmäßigkeit der Rechtsfindung ersetzen?, JZ 1955, S. 561, 563. In diesem Aufsatz beschäftigt sich Müller-Erzbach mit der Einstellung Hugo Grotius' zu den typischen Interessen und Interessenlagen.

[74] Ders., Die Rechtswissenschaft im Umbau, S. 53.

[75] Ders., ebd. Diese Aussage ist zu speziell gehalten. Die Frage, wann ein hinreichendes Einsichtsvermögen vorliegt, ist dahin zu beantworten, daß dies regelmäßig nach Erreichung einer bestimmten Altersstufe in einer konkreten Gesellschaft nach Maßgabe der in dieser herrschenden Auffassungen der Fall ist. Anderenfalls wird man den in den einzelnen Ländern unterschiedlichen gesetzlichen Regeln über die Geschäftsfähigkeit nicht gerecht.

§ 8 Die Ursachenforschung im Sinne des kausalen Rechtsdenkens 25

Wirklichkeitsgrundlage"[76] des Rechts. Gerade die Tatsache, daß sie im geistigen Bereich wurzeln, sei Grund dafür, daß die Rechtswissenschaften sie nicht entdeckt hätten. Ihre Bedeutung sei größer als die solcher Lebenselemente, die vom Gefühl her bestimmt würden, wie Liebe, Haß und Furcht. Diese könnten nicht mit objektiver Genauigkeit ermittelt werden[77], so daß sie auch keine brauchbare Grundlage für gesetzgeberische Entscheidungen seien.

Müller-Erzbach spricht mit Ausnahme seiner letzten Schrift[78] stets von einer Kausalität dieser Lebensfaktoren, wobei er den Leser häufig im unklaren darüber läßt, ob er diese Kausalität als eine strenge Ursache-Wirkung-Beziehung verstanden wissen will[79], so wie sie in der Mechanik anzufinden ist, oder mehr im Sinne einer abgeschwächten Kausalität, d. h eines funktionalen Zusammenhanges. Er weist lediglich darauf hin, daß die Rechtsforschung von dem Wirken des Kausalgesetzes in ihrem Bereich ausgehe[80].

Erst auf Fechners Kritik hin[81] hat Müller-Erzbach im einzelnen dargelegt, wie sein Kausalitätsbegriff und somit auch die von ihm geforderte Ursachenforschung aufzufassen ist[82]. Leider ist dies in jüngeren wissenschaftlichen Arbeiten, die sich mit Müller-Erzbach beschäftigen, nicht genügend berücksichtigt worden[83]. Danach geht die kausale Rechtslehre davon aus, daß für die Erscheinung des Rechts *nicht* die mechanische Kausalität entscheidend sei. Im Gegensatz zu den Erscheinungen der leblosen Natur, in der die Energien unmittelbar weitergegeben werden, könne ein Lebenselement das Gestalten des Rechts nur *mittelbar* beeinflussen[84]. Das gelte auch für den Lebensfaktor Interesse, der zwar

---

[76] *Müller-Erzbach*, Die Rechtswissenschaft im Umbau, S. 69; Recht der Mitgliedschaft, S. 8.
[77] Ders., Recht der Mitgliedschaft, S. 2.
[78] Ders., Erfassen des Rechts.
[79] In diesem Sinne faßt *Fechner* (Das kausale Rechtsdenken — eine Gefahr für die Rechtswissenschaft?, S. 353) den von Müller-Erzbach gebrauchten Kausalitätsbegriff auf: „.. sie (i. e. die Rechtswissenschaft, deren Aufgabe die Ursachenforschung sein soll, d. Verf.) bedient sich des kausalen Verfahrens i. S. der in diesem Bemühen so erfolgreichen Naturwissenschaft." Auch sonst spricht Fechner in diesem Zusammenhang von Ursachen, „die am Anfang stehen und *notwendig* zu einer Wirkung, eben der betreffenden, zu erklärenden oder zu beurteilenden Rechtserscheinung führen", a.a.O. (Hervorhebung vom Verf.).
[80] *Müller-Erzbach*, Die Rechtswissenschaft im Umbau, S. 71.
[81] *Fechner*, a.a.O., S. 356 f.
[82] *Müller-Erzbach*, Erfassen des Rechts, S. 305 ff.
[83] So z. B. *Larenz*, Methodenlehre der Rechtswissenschaft, S. 50; *Hubmann*, Grundsätze der Interessenabwägung, AcP 155 (1956), S. 85, 92 f., der zwar die mittelbare Kausalität erwähnt, jedoch seiner teleologisch-normativen Betrachtungsweise eine kausale entgegenstellt und dabei zum Ergebnis einer „Überbetonung der Kausalität" durch Müller-Erzbach gelangt.
[84] *Müller-Erzbach*, a.a.O., S. 305.

eine eigene „Triebkraft" in sich habe, jedoch keine unmittelbare Wirkung auf die Rechtsbildung hervorbringe, wie sich etwa eine Energie in der leblosen Natur auswirke. In besonderem Maße gelte dies aber für die übrigen Lebenselemente, bei denen ein weitaus geringerer Zusammenhang mit der Rechtsbildung besteht.

Nach Müller-Erzbach wirken sich diese Faktoren nur *auslösend* auf die Rechtsbildung aus. Das Recht müsse jeden Lebensfaktor in seiner jeweiligen typischen Gestaltung erst bewerten, d. h. prüfen, ob er überhaupt eines gesetzlichen Schutzes bedürfe und welchen anderen Lebenselementen er vor- oder nachgehe[85].

Mit dem von ihm verwandten Begriff der Kausalität ist also gerade nicht die Vorstellung von Naturgesetzen zu verbinden, „die in sich ruhen, die man empirisch feststellen und vielleicht dann noch für Vorausberechnungen verwenden, aber nicht weiter erklären kann"[86]. Die Beschäftigung des kausalen Rechtsdenkens mit den Elementen des menschlichen Zusammenlebens als „rechtsbildenden Faktoren" kann daher nicht mehr als naturwissenschaftliche Ursachenforschung bezeichnet werden, sofern dort der mechanische Kausalitätsbegriff zugrundegelegt wird.

2. Die Schwierigkeiten der Ursachenforschung und deren Verhältnis zur teleologischen Methode

Um die Welt des Rechts verstandesgemäß zu erfassen, muß es sich die Rechtswissenschaft zur Aufgabe machen, diese Lebensfaktoren herauszuarbeiten und sich dabei eines kausalen Verfahrens bedienen; kausal deswegen, weil nach dem Warum einer Vorschrift gefragt wird und zur Beantwortung die besprochenen ursächlichen, auf die Rechtsbildung maßgebend einwirkenden Lebenselemente herangezogen werden[87].

Müller-Erzbach räumt ein, daß es bei einer derartigen Ursachenforschung zu erheblichen Schwierigkeiten kommt, wenn es gilt, den jeweiligen Lebensfaktor planmäßig und exakt zu erforschen. So lasse sich die jeweils gegebene Machtlage schwer abschätzen, da sie nicht *quantitativ* bestimmt werden könne. Dies sei um so bedauerlicher, als die Naturwissenschaften eine Erscheinung erst dann als geistig erfaßt betrachteten, wenn sie diese mit genauen Messungen belegt hätten und deren

---

[85] *Müller-Erzbach*, Erfassen des Rechts, S. 306.
[86] S. *Reinhardt*, Methoden der Rechtsfindung, in: *Reinhardt-König*, Richter und Rechtsfindung, München, Berlin 1957, S. 20; ferner *Fechner*, Rechtsphilosophie, S. 267: „Kausalität aber bedeutet Zwangsläufigkeit und schließt Freiheit aus."
[87] In diesem Zusammenhang spricht daher Müller-Erzbach vom „kausalen Rechtsdenken".

Wirkungen vorhersehen könnten, so daß man von einem Nachvollziehen der Erscheinung sprechen könne[88].

Zumindest sei jedoch ein qualitatives Erfassen der Lebensfaktoren und insbesondere der Machtlage möglich, was in der Rechtswissenschaft völlig ausreiche. Eine genaue Vorausberechnung der Geschehnisse des Soziallebens sei ohnehin nicht möglich, da die Lebenselemente eine derartige Genauigkeit nicht zuließen.

Da die kausale Rechtslehre das Recht als eine Ordnung der typischen Elemente und Kräfte des Soziallebens betrachtet, erscheint es folgerichtig, wenn sie ein qualitatives Erfassen der Lebenselemente, d. h. ein Erforschen in ihrer *typischen* Gestalt, genügen läßt[89].

Müller-Erzbach weist darauf hin, daß dieses Verfahren ein kausales und nicht ein teleologisches sei[90]. Er räumt zwar ein, daß beide Verfahren nebeneinander bestehen könnten, gibt aber dem kausalen Verfahren den Vorrang, da es in der Aussagekraft seiner Erkenntnisse bei weitem überlegen sei. Dieses Verfahren mache es möglich, die für die Rechtsgestaltung maßgebenden Elemente des Zusammenlebens herauszuarbeiten und somit einen umfassenden Einblick in den Vorgang der Rechtsbildung zu bekommen.

§ 9 Das Bewerten der Lebensfaktoren durch das Recht

Nicht alle Interessen und nicht jedes Beherrschungsvermögen können bei der Rechtsbildung berücksichtigt werden. Es liegt in der Eigenart der Rechtsnorm, daß ihr mehrere entgegengesetzte Interessen zugrunde liegen und sie über diesen Interessenkonflikt entscheiden muß. Demgemäß stellt sich auch für die kausale Rechtslehre die Frage, wie das Recht die einzelnen Interessen bewertet und welche Anhaltspunkte dafür maßgebend sind, daß einem Interesse ein gesetzlicher Schutz zuteil wird.

Müller-Erzbach bemüht sich daher im Rahmen des kausalen Rechtsdenkens, auch das Bewerten seitens des Rechts „einem verstandesmäßigen Erfassen zugänglich zu machen und es damit auch insoweit auf eine objektive Grundlage zu stellen"[91]. Hier liegt der zweite Schwerpunkt

---

[88] *Müller-Erzbach,* Recht der Mitgliedschaft, S. 4; Die Rechtswissenschaft im Umbau, S. 52; s. hierzu *Lasswell,* Das Qualitative und das Quantitative in politik- und rechtswissenschaftlichen Untersuchungen, in: Topitsch (Hrsg.), Logik der Sozialwissenschaften, Köln, Berlin 1965, S. 464, 476, wonach das Qualitative und das Quantitative in der wissenschaftlichen Forschung eine unersetzliche Rolle spielen.
[89] Vgl. oben, Fußnote 72.
[90] *Müller-Erzbach,* Die Rechtswissenschaft im Umbau, S. 69.
[91] Ders., a.a.O., S. 72.

seiner Arbeit. Daß lediglich darauf abgestellt wird, eine Grundlage für das Bewerten des Rechts zu schaffen, liegt an der Erkenntnis — nach Müller-Erzbach ein Verdienst des kausalen Rechtsdenkens —, daß es einen absoluten Maßstab für das rechtliche Bewerten der rechtlich zu schützenden Interessen nicht geben kann. Die Bewertung der Interessen erfolgt nicht auf Grund irgendwelcher abstrakter moralischer Maßstäbe, sie hängt vielmehr weitgehend von der gegebenen Machtlage ab[92].

Die Bewertung der Machtlage wiederum ist abhängig von dem Interesse, dem sie dienen soll[93]; denn die Macht selbst ist nach Müller-Erzbach neutral und frei von sittlichen Werten. Ihr sozialer Wert sei abhängig von den Interessen, in deren Dienst sie stehe[94].

Interesse und Macht stehen also in einem wechselseitigen Abhängigkeitsverhältnis, so daß ihre Bewertung je nach der Gestaltung des anderen Lebensfaktors verschieden ausfallen wird. Demnach kann ihre Bedeutung nur eine *relative* sein.

1. Das Bewerten des Interesses

Wenn das Bewerten des Interesses seitens des Rechts von der gegebenen Machtlage abhängt, so ist das einmal auf die Tatsache zurückzuführen, daß das Leistungs- und sonstige Beherrschungsvermögen auf die Interessen bzw. Bedürfnisse Einfluß hat. Der technische Fortschritt z. B. ermöglicht es, Gebrauchsgegenstände in großen Mengen und preiswert herzustellen. Dieses steigende Leistungsvermögen der Industrie und der Technik verursacht entsprechende Bedürfnisse bei den Verbrauchern, mit denen sich zugleich das Begehren bestimmter Bevölkerungskreise nach einem entsprechenden Rechtsschutz entwickelt.

Zum anderen spricht folgende Überlegung für die Abhängigkeit des Bewertens der Interessen von der Machtlage:

Das Beherrschungsvermögen des Rechtsgenossen ist regelmäßig Anhaltspunkt dafür, ob sein geltend gemachtes Interesse tatsächlich schutzwürdig ist. So werden in den §§ 104 ff. BGB der Geschäftsunfähige und der beschränkt Geschäftsfähige, deren Willenserklärungen nichtig bzw. schwebend unwirksam sind, deshalb geschützt, weil ihr Erkennungs- und Beherrschungsvermögen zu gering ist.

Das Recht stellt also bei seiner Entscheidung, welches von zwei konkurrierenden Interessen als das schutzwürdigere zu bezeichnen und

---

[92] *Müller-Erzbach*, Recht der Mitgliedschaft, S. 10; Die Rechtswissenschaft im Umbau, S. 74 f.
[93] Ders., Recht der Mitgliedschaft, S. 10.
[94] Ders., a.a.O., S. 4; Die Rechtswissenschaft im Umbau, S. 52.

dementsprechend zu berücksichtigen ist, auf die jeweils gegebene Machtlage ab.

2. Das Bewerten der Macht

Wie bereits angedeutet, hängt die Bewertung der Macht von dem Interesse ab, dem sie dienen soll.

So macht das Recht z. B. einen Unterschied bei der Bewertung der tatsächlichen Herrschaft über eine Sache, je nachdem ob die Herrschaft im eigenen oder im fremden Interesse ausgeübt wird. Als Beispiel läßt sich § 855 BGB anführen, wonach Besitzdiener derjenige ist, der die tatsächliche Gewalt für einen anderen in einem Verhältnis ausübt, vermöge dessen er den sich auf die Sache beziehenden Weisungen des anderen Folge zu leisten hat mit der Folge, daß nur der andere Besitzer ist. Das Kennzeichnen dieser Besitzdienerschaft ist die Machtgestaltung. Die Frage ist aber, warum eine solche Machtgestaltung das Gesetz veranlaßte, einen Besitz des Machtunterworfenen zu verneinen, so daß dieser keine Besitzklage wegen Besitzentziehung oder Besitzstörung (§§ 861 ff. BGB) erheben kann. Entscheidend ist hier die Interessengestaltung. Nach Müller-Erzbach fehlt es in diesen Fällen regelmäßig an einem eigenen *schutzwürdigen* Interesse des Besitzdieners[95].

§ 10 Das Gestalten der Macht durch das Recht

Neben den gesetzlichen Vorschriften, die auf eine bestimmte Herrschaftslage abstellen, stehen solche, die auf die Verleihung oder Wandlung einer Machtposition gerichtet sind[96]. Dies ist z. B. der Fall, wenn der Dienstherr den Dienstnehmenden anstellt, wenn ein Verein zustandekommt, oder wenn der Eigentümer des herrschenden Grundstücks auf das dienende einwirken darf. Das Recht verschafft diesen Personen eine gewisse Macht, mit der sie ihre Interessen verfolgen können.

In seiner Arbeit „Lassen sich das Recht und das Rechtsleben tiefer und sicherer erfassen?" (1934) stellte Müller-Erzbach zu dem Gestalten noch das Schaffen der Macht[97]. Daß er in seinen späteren Werken das Schaffen der Macht nicht mehr erwähnt[98], liegt an seiner neu gewonnenen Auffassung von der Macht. Wenn er später sagt, die Macht sei etwas Neutrales und erst durch die Interessen, denen sie diene, erhalte sie ihren

---

[95] *Müller-Erzbach*, Die Rechtswissenschaft im Umbau, S. 100.
[96] Ders., Lassen sich das Recht und das Rechtsleben tiefer und sicherer erfassen?, S. 64; Die Rechtswissenschaft im Umbau, S. 102.
[97] Ders., a.a.O., S. 64.
[98] Ders., Die Rechtswissenschaft im Umbau, S. 102.

Wert und ihre Farbe[99], ist das wie folgt auszulegen: Die Macht ist etwas stets Vorhandenes. Sie wird erkennbar und wertbar, sobald sie irgendwelchen Interessen dienstbar gemacht wird.

Bei anderer Interpretation wäre seine Auffassung von der neutralen Eigenschaft der Macht widersprüchlich. Würde sie nämlich erst durch das Recht geschaffen, so hätte sie von vornherein einen bestimmten Wert — wäre also nicht neutral —, da ja nach seiner Meinung für die Rechtsbildung und folglich auch für das gesetzliche Schaffen einer Macht Interessen ursächlich sind, durch die sie sofort ihr Gepräge erhielte.

Wird also z. B. dem Arbeitgeber kraft Gesetzes eine bestimmte Macht über seine Arbeitnehmer gegeben, so wird hier nicht eine neue Macht geschaffen, sondern lediglich eine bereits bestehende verliehen, wobei sie inhaltlich den gegebenen Verhältnissen angepaßt wird. Die gesamten Vorschriften des BGB über das Gläubiger-Schuldner-Verhältnis gestalten eine bestimmte Machtlage, nämlich die zwischen dem Gläubiger und dem Schuldner. Sie sagen aus, was und wann der Schuldner zu leisten hat und was der Gläubiger unter bestimmten Umständen verlangen kann.

Formt also das Recht die Macht einer Person oder eines Personenkreises, so muß es dabei die schutzwürdigen Interessen berücksichtigen, die diese oder andere Personen haben. Insoweit wird auch hier wieder über einen Macht- und Interessenkonflikt entschieden. Weiterhin ist beim Ausbilden der Macht auf das vorhandene Beherrschungsvermögen zu achten[100].

Müller-Erzbach unterstreicht aber in diesem Zusammenhang, daß dem Recht beim Gestalten der Macht gewisse Grenzen gesetzt sind[101]. Dieses begrenzte Vermögen des Rechts[102] tritt bei der Bestimmung von Herrschaftslagen sowie beim Formen der Macht deutlicher hervor als in den Fällen, in denen das Recht Machtlagen zur Voraussetzung normativer Bestimmungen nimmt. Müller-Erzbach weist darauf hin, daß das Recht seine Grenzen in den höchsten Persönlichkeitswerten hat[103].

---

[99] *Müller-Erzbach*, Recht der Mitgliedschaft, S. 4.

[100] Aus dieser Feststellung ergibt sich, daß hier der Begriff der Macht eine umfassendere Bedeutung als nur des Beherrschungsvermögens hat.

[101] *Müller-Erzbach*, Die Rechtswissenschaft im Umbau, S. 103.

[102] Man kann hier durchaus von einem Beherrschungsvermögen des Rechts sprechen.

[103] *Müller-Erzbach*, Die Rechtswissenschaft im Umbau, S. 55: „Es (i. e. das Recht, der Verf.) kann nicht über den Innenbereich der Persönlichkeit gebieten, und es kann nicht dem einzelnen Rechtsgenossen befehlen, was er denken und glauben und wie er seine Umwelt bewerten soll." Vgl. ferner *E. E. Hirsch*, Rechtssoziologie heute, in: E. E. Hirsch, M. Rehbinder (Hrsg.), Studien und Materialien zur Rechtssoziologie, Köln 1967, S. 31 über die dem Recht gesetzten Grenzen.

Das Recht *allein* könne nicht eine Macht gestalten, es könne dabei nur mit einer mehr oder weniger starken Kraft behilflich sein.

§ 11 Die Interdependenz zwischen Sozialleben und rechtlicher Ordnung

Das kausale Rechtsdenken geht von einer Wechselbeziehung zwischen Macht und Rechtsordnung aus, wobei es die maßgebende Rolle der Macht bei der Rechtsbildung hervorhebt und zugleich auf die Gestaltung der Macht durch das Recht hinweist. Die Lehre vom kausalen Rechtsdenken beschränkt sich jedoch nicht auf diese Wechselbeziehung, sondern betont, daß Leben und Recht schlechthin in einer Wechselwirkung zueinander stehen. „Wie jene Lebenselemente den Aufbau des Rechts beeinflussen, so vermag das *Recht* umgekehrt das *Interesse*, das Vertrauen und das Verantwortungsbewußtsein zu *stärken*[104]." So bemühe sich z. B. das Verbandsrecht, das Verantwortungsbewußtsein der Geschäftsführer durch eine entsprechend umfassende Haftung zu heben.

Wenn sich also das kausale Rechtsdenken mit den Einflüssen der einzelnen Lebenselemente auf den Prozeß der Rechtsbildung und deren Einwirkung auf das Sozialleben beschäftigt, so macht es die Interdependenz zwischen Recht und Sozialleben zum Gegenstand seiner Forschung, wobei jedoch an dieser Stelle noch offen bleiben muß, welche Formen des Rechts in die kausale Ermittlung einbezogen werden.

§ 12 Das Erfassen rechtsgeschäftlicher Erklärungen

Genau so, wie das gesetzte Recht mit Hilfe der kausalen Lebenselemente Interesse, Macht und Vertrauen erfaßt wird, muß auch vorgegangen werden, wenn es um das Erfassen rechtsgeschäftlicher Erklärungen geht.

Die Interessen sind entscheidend bei der Abgabe einer Willenserklärung gegenüber einem anderen, wenn es um die Deutung ihres Sinnes und ihrer Tragweite geht. Die Interessen bestimmen aber nur insoweit Sinn und Tragweite, wie sie dem Erklärungsgegner erkennbar sind. Daran sieht man zugleich, daß auch bei dieser Frage das Beherrschungsvermögen in Form des Erkennungsvermögens eine Rolle spielt. In die-

---

[104] *Müller-Erzbach*, Erfassen des Rechts, S. 312 (Hervorhebungen von Müller-Erzbach); s. auch Die Rechtswissenschaft im Umbau, S. 67: „Weiß das Recht diese Lebensfaktoren zu erfassen, dann empfängt es selbst Kraft und Stärke, um rückwirkend seinerseits wiederum dem Zusammenleben der Menschen wirksame Impulse erteilen zu können."

sem Zusammenhang vertritt Müller-Erzbach die Auffassung, es sei besser, bei der Auslegung einer Willenserklärung auf die Interessen abzustellen, die der einzelne mit ihrer Abgabe verfolgt, als sich auf seinen angeblichen Willen zu berufen[105]. Dieser Ansicht ist zu folgen. Typische Interessenlagen — und nur um solche geht es im Rahmen der Lehre Müller-Erzbachs — sind ohne weiteres feststellbar, der innere Wille einer Person jedoch sehr selten. Diese Auffassung entspricht auch der Vorschrift des § 133 BGB. Danach kommt bei der Auslegung einer Willenserklärung nur der *erklärte* Wille in Betracht, der rein innerlich gebliebene Wille ist nicht maßgebend[106]. Es wird also auf das für den Erklärungsgegner Erkennbare abgestellt, so daß es naheliegt, bei der Auslegung einer Willenserklärung die jeweils gegebene Interessenlage heranzuziehen[107].

In gleicher Weise kann die Machtlage des Erklärenden etwas über den Sinn seiner Erklärung aussagen. So schließt man bei einer Zeitungsanzeige über den Verkauf von Sachen auf eine invitatio ad offerendum, weil die Nachfrage durchaus höher als das Vermögen zur Leistung sein kann. Es ist auch für den Kaufinteressenten erkennbar, daß sich der Anbietende unter diesen Umständen nicht frühzeitig binden kann[108].

§ 13 Die Anwendung des kausalen Rechtsdenkens

Müller-Erzbach wollte mit seiner Lehre vom kausalen Rechtsdenken ein Verfahren entwickeln, mit dessen Hilfe das Recht verstandesmäßig zu erfassen und sein unlöslicher Zusammenhang mit dem Sozialleben zu erkennen ist. Sein Verdienst liegt aber nicht nur darin, die Rechtsforschung aufgerufen zu haben, die Lebensverwurzelung des Rechts zu ergründen und in diesem Sinne Ursachenforschung zu betreiben. Er hat auch selbst mit der Kausalmethode praktische Ergebnisse erzielt, insbesondere hat er auf dem Gebiet des Verbandsrechts und in seinem Werk „Das private Recht der Mitgliedschaft als Prüfstein eines kausalen Rechtsdenkens" dargestellt, wie die drei Lebenselemente Interesse, Macht und Vertrauen auf dieses Rechtsgebiet eingewirkt haben.

---

[105] *Müller-Erzbach*, Die Rechtswissenschaft im Umbau, S. 111.
[106] Vgl. *Palandt-Danckelmann*, a.a.O., § 133 Anm. 4.
[107] Die Vorschrift des § 157 BGB findet hierbei keine Anwendung, da diese im Gegensatz zu § 133 BGB nicht den Zweck hat, „den Inhalt der einzelnen Willenserklärungen zu deuten, sondern unter Abwägung der Interessen der Beteiligten und unter Berücksichtigung aller Umstände des Falles eine Regelung für die nicht geregelten Punkte zu finden, den Geschäftsinhalt also zu ergänzen" (*Palandt-Danckelmann*, a.a.O., Einf. vor § 116 Anm. 2). Wir sehen aber, daß auch hierbei die von den Parteien verfolgten Interessen zu berücksichtigen sind.
[108] *Müller-Erzbach*, Die Rechtswissenschaft im Umbau, S. 113.

Zweites Kapitel

Das Verhältnis des kausalen Rechtsdenkens zur Rechtssoziologie und zur soziologischen Jurisprudenz

Der im vorigen Kapitel gegebene Überblick läßt erkennen, daß es Müller-Erzbach in erster Linie darum ging, ein Verfahren zu entwikkeln, das eine bessere Erkenntnis der Rechtsnormen ermöglicht und dem Richter somit mehr Sicherheit bei der Rechtsfindung gibt. Betont doch Müller-Erzbach in seiner letzten Arbeit über das kausale Rechtsdenken[1], daß die *Rechtsfindung* erst die erforderliche Sicherheit durch ein kausales Ermitteln der für die Rechtsbildung maßgebenden Lebenselemente gewinnen könne. Denn diese Elemente und ihr jeweiliges Gewicht müßten erforscht werden, um zu erkennen, ob ein Rechtssatz anwendbar sei und wie weit seine Kraft reiche[2].

Diese Äußerungen wie auch die oben näher erörterten Problemstellungen lassen den Schluß zu, daß es sich bei dem kausalen Rechtsdenken um eine Methodenlehre handelt, d. h. um ein Verfahren der Gesetzesauslegung[3].

Da jedoch diese Lehre zugleich auf die den einzelnen Rechtsbildungsvorgängen zugrunde liegenden Faktoren abstellt und auch eine Interdependenz zwischen Sozialleben und Rechtsordnung anerkennt, stellt sich die Frage, ob sie der Disziplin der Rechtssoziologie oder der soziologischen Jurisprudenz zuzurechnen ist oder zumindest deren wesentliche Elemente in sich birgt. Dies stände ihrer Bestimmung, der Rechtsanwendung und insbesondere der Gesetzesauslegung *zu dienen*, nicht entgegen. Denn mit Recht weist Trappe[4] darauf hin, daß „moderne sozialwissenschaftliche Methoden und methodologische Techniken" in

---

[1] *Müller-Erzbach,* Erfassen des Rechts, S. 301.
[2] Ders., a.a.O., S. 306.
[3] So widmet sich Müller-Erzbach in seiner Schrift „Lassen sich das Recht und das Rechtsleben tiefer und sicherer erfassen?" fast ausschließlich der Gesetzesauslegung; s. insb. S. 33: „Den dort gegebenen zahlreichen Beispielen sollen hier nur so viele hinzugefügt werden, daß der Leser eine deutliche Vorstellung von dieser Methode der Gesetzesauslegung gewinnen und sich ein Urteil über deren Verwertbarkeit bilden kann."
[4] *Trappe,* Einleitung zu Th. Geiger, Vorstudien zu einer Soziologie des Rechts, Neuwied, Berlin 1964, S. 35.

der Rechtswissenschaft und insbesondere bei der Gesetzesanwendung in einer Erfolg versprechenden Weise genutzt werden könnten[5].

Im Rahmen dieses Kapitels soll daher untersucht werden, inwieweit das kausale Rechtsdenken rechtssoziologische Kriterien oder solche der soziologischen Jurisprudenz enthält. Dabei ist zunächst auf Wesen und Gegenstand dieser beiden Disziplinen einzugehen.

Erster Abschnitt

Die Rechtssoziologie und die soziologische Jurisprudenz

§ 14 Der Gegenstand und die Arbeitsweise der Rechtssoziologie im Allgemeinen

Gegenstand und Arbeitsweise der Rechtssoziologie können nicht mit einem Satz umrissen werden. Bislang ist es den Vertretern der Rechtssoziologie nicht gelungen, Wesen und Grenzen der Rechtssoziologie sowie ihre Beziehungen zu den einzelnen Bereichen der Rechtswissenschaft in übereinstimmender Form aufzuzeigen[6]. Die Zielsetzung dieser Arbeit gestattet es nicht, auf die verschiedenen Meinungen im einzelnen einzugehen. Im Rahmen dieses Abschnitts soll lediglich versucht werden, in großen Zügen die Ansichten einiger führender Vertreter der Rechtssoziologie über deren Gegenstand und Grenzen anzuführen, um daraus eine brauchbare Definition als Arbeitsgrundlage zu gewinnen.

Rechtswissenschaft und Rechtssoziologie stehen insoweit in einem Gegensatz zueinander, als die erste sich mit der Normativität des Rechts beschäftigt, während sich die Rechtssoziologie mit der Faktizität des Rechts auseinandersetzt[7].

---

[5] S. auch *Gurvitch*, Rechtssoziologie, in: G. Eisermann (Hrsg.), Die Lehre von der Gesellschaft, Stuttgart 1958, S. 182, 184: „Die Rechtssoziologie erweist sich nämlich nicht nur als unerläßlich für die praktische Arbeit des Juristen bei der Anwendung des Rechts auf konkrete Fälle, sondern auch für die Rechtswissenschaft oder systematische Dogmatisierung eines bestimmten Rechtssystems."

[6] Vgl. *Gurvitch*, a.a.O., S. 182.

[7] Entsprechend unterscheidet man auch zwischen dem Recht, wie es angewandt werden soll („law in the books") und dem Recht, wie es tatsächlich angewandt wird („law in action"); vgl. *E. E. Hirsch*, Rechtssoziologie heute, a.a.O., S. 9, 30, der in diesem Zusammenhang darauf hinweist, daß der Jurist bei der Frage nach der gesellschaftlichen Wirklichkeit des Rechts feststellen wird, daß die Rechtspraxis nicht identisch ist mit dem, was nach den Rechtsnormen eigentlich „Recht" sein sollte. Vgl. auch ders., a.a.O., S. 16 f., wonach

§ 14 Gegenstand und Arbeitsweise der Rechtssoziologie im Allgemeinen 35

Unter Berücksichtigung dieses Kriteriums bezeichnet Gurvitch[8] die Rechtssoziologie als diejenige Spezialdisziplin der Soziologie, „welche die volle gesellschaftliche Wirklichkeit des Rechts studiert, beginnend mit ihren greifbaren und äußerlich beobachtbaren, in effektiven kollektiven Verhaltensweisen bestehenden Äußerungen (kristallisierten Organisationen, Strukturen, gewohnheitsmäßigen Praktiken oder Traditionen sowie Verhaltensneuerungen) bis zu ihrer materiellen Basis (der räumlichen Gestaltung und demographischen Dichte der juristischen Institutionen)". Methodisch geschieht dies nach Gurvitch in der Weise, daß die Rechtssoziologie „diese Verhaltensweisen und materiellen Manifestationen des Rechts gemäß ihren Sinnbedeutungen" interpretiert[9]. Dabei durchwandert sie die Stationen der Rechtsorganisationen, Verfahrensweisen und Sanktionen („juridische Muster"), anschließend die der flexiblen Regeln und des spontanen Rechts („juridische Symbole") und gelangt schließlich unter anderem zu kollektiven Glaubenshaltungen, die in spontanen „normativen Fakten" Ausdruck finden[10].

Da das Recht ein Produkt des Soziallebens[11] und da es Aufgabe der Soziologie ist, dieses Sozialleben in seiner Faktizität zu analysieren, muß der Gegenstand der rechtssoziologischen Betrachtung die Interdependenz von menschlichem Sozialleben einerseits und rechtlicher Ordnung andererseits sein[12]. Hierbei ist die rechtliche Ordnung in ihrer tatsächlichen Wirksamkeit zu verstehen[13].

---

das Recht weit umfassender als die formellen Rechtsquellen ist, insbesondere über den Begriff der Rechtsregel und auch über dasjenige hinausgeht, was die Rechtsprechung an rechtlich relevanten Vorgängen zu bieten hat. Zum anderen sei das Recht viel enger als die Gesamtheit der zwischenmenschlichen Beziehungen: „Wie groß ist die Anzahl gesellschaftlicher und zwischenmenschlicher Situationen und Verhaltensweisen, welche rein faktisch bestehen und als verbindlich geachtet werden, obwohl sie keine rechtliche Sanktionierungsform haben, ja sozusagen praeter legem sich abspielen, z. B. Trennung ohne Ehescheidung, ..."

[8] *Gurvitch*, a.a.O., S. 188
[9] Ders., ebd.
[10] Ders., ebd.
[11] Vgl. *Th. Geiger*, Vorstudien zu einer Soziologie des Rechts, S. 127; *E. E. Hirsch*, in: Bernsdorf-Bülow, Wörterbuch der Soziologie, Stuttgart 1955, S. 414.
[12] *E. E. Hirsch*, Rechtssoziologie heute, a.a.O., S. 30: „Damit wird die Frage nach der *Interdependenz* von Recht und Sozialleben als Kardinalfrage der Rechtssoziologie gestellt, wobei für den Soziologen der Blick dahin geschärft ist, daß er als Recht nur das betrachten darf, was die Praxis aus dem „law in the books" gemacht hat." (Hervorhebung von E. E. Hirsch).
[13] Vgl. ders., Das Recht im sozialen Ordnungsgefüge, Einleitung, S. 16, wonach die Rechtssoziologie das Recht als eine von Menschen geschaffene Ordnung in seiner *Faktizität* zu analysieren habe. Vgl. aber auch die von *E. E. Hirsch* (Aufriß einer Vorlesung „Rechtssoziologie", in: ders., Das Recht im sozialen Ordnungsgefüge, Berlin 1966, S. 315, 316) vorgenommene Definition der rechtlichen Ordnung als ein „Gedankengebilde, dessen Verwirklichung im sozialen Leben postuliert und mit bestimmten Einrichtungen und Mitteln

Das *geltende* Recht, d. h. die Gesamtheit der rechtlichen Regeln, so wie sie angewandt werden *sollen*[14], wird dabei nur in die Betrachtung einbezogen, soweit zu prüfen ist, ob diese Regeln tatsächlich angewandt und befolgt werden, also lebendes Recht sind, oder aber warum sie im Sozialleben nicht wirksam geworden sind[15].

Entsprechend der Feststellung, daß bei der rechtssoziologischen Untersuchung die Norm in ihrer Faktizität im Vordergrund steht, fordert Ehrlich, daß die Soziologie des Rechts mit der Erforschung des lebenden Rechts beginnen müsse[16].

Wenn auch in Max Webers „Rechtssoziologie" nirgends die Aufgabe der Rechtssoziologie klar umrissen wird, so bildet doch die Beziehung zwischen Recht und Gesellschaft den Gegenstand ihrer Betrachtung. Das Recht in seinem „Wirken und Bewirktwerden" ist hierbei als eine *soziale Wirklichkeit* aufzufassen[17].

Indem Geiger[18] die Zusammenhänge zwischen sozialer Regelhaftigkeit, Regelmäßigkeit und Verbindlichkeit im Sinne einer faktischen Geltung[19] aufzeigt, macht er die soziale Ordnungswirklichkeit in ihrer Ge-

---

durchgesetzt oder durchzusetzen versucht wird"; ferner den Hinweis (a.a.O., S 340) auf die Interdependenz zwischen *lebendem* Recht als „Gesamtheit der rechtlichen Regulierungsmittel, so wie sie *tatsächlich* befolgt und angewandt werden (Realität des Rechts)" und dem Sozialleben (Hervorhebungen von E. E. Hirsch).

[14] Vgl. *E. E. Hirsch*, a.a.O., S. 340, der von der „Idealität des Rechts" spricht; s. hierzu auch *Ehrlich*, Grundlegung der Soziologie des Rechts, München, Leipzig 1913 (1929), S. 934: „Die geltenden Rechtssätze enthalten nicht das ganze lebende Recht"; *J. Winckelmann*, Einleitung zu *Max Weber*, Rechtssoziologie, Neuwied, Berlin 1960, S. 35, der von einem „faktisch als gültig gehandhabten Recht" spricht.

[15] Vgl. *E. E. Hirsch*, Rechtssoziologie heute, a.a.O., S. 21, wonach eine Erforschung dessen, was in der Lebenswirklichkeit rechtens ist, für den Soziologen unter anderem nur dann interessant ist, „wenn die Ursachen untersucht und aufgedeckt werden, welche für das Auseinanderfallen von Gesetzestext und Rechtswirklichkeit, für die Ersetzung des dispositiven Gesetzesrechts durch allgemeine Geschäftsbedingungen oder Satzungen autonomer Verbände ... determinierend sind".

[16] *Ehrlich*, a.a.O., S. 405; s. ferner S. 138 ff., in denen Ehrlich im Rahmen seiner Theorie der Rechtssoziologie ein allgemeines Schema über die Interdependenz zwischen Recht und Sozialleben aufstellt, wobei er sich nur mit solchen Rechtssätzen beschäftigt, die eine Rechtsnorm enthalten, d. h. einen „ins Handeln umgesetzten Rechtsbefehl, wie er in einem bestimmten Verbande herrscht" (s. S. 29 f.); s. hierzu außerdem *Fechner*, Rechtsphilosophie, S. 267.

[17] So z. B. *Max Weber*, Rechtssoziologie, S. 169—172 über die Arbeitsverfassung; vgl. *J. Winckelmann*, Einleitung zu *Max Weber*, Rechtssoziologie, S. 27 ff., der außerdem darauf hinweist, daß Max Weber unter dem soziologischen Rechtsbegriff eine „empirisch geltende legitime Ordnung mit äußerlicher Zwangsgarantie" versteht.

[18] *Th. Geiger*, Vorstudien zu einer Soziologie des Rechts, S. 53 f.
[19] Ders., a.a.O., S. 205 ff.

samtheit zum Gegenstand rechtssoziologischer Betrachtung[20]. Zu dieser Ordnungswirklichkeit gehören verschiedene soziale Ordnungsgefüge[21], wie z. B. nachbarschaftliche Gemeinschaftsverhältnisse. Diese bestehen neben der Rechtsordnung, die als ein realisiertes oder noch zu realisierendes Gedankengebilde mit einem für seine Durchsetzung entsprechenden Sanktionsapparat zu verstehen ist. Sie werden daher auch außerrechtliche Regeln bzw. soziale Normen genannt[22], im Gegensatz zu den rechtlichen Normen[23]. Gemeinsam stellen sie die soziale Ordnung dar[24].

Wir können daher die Rechtssoziologie als diejenige wissenschaftliche Disziplin bezeichnen, die sich mit der Klärung der Interdependenz zwischen Sozialleben und rechtlicher Ordnung in ihrer Faktizität beschäftigt, worunter bereits die von Ehrlich angeführten „Tatsachen des Rechts" wie Übung, Besitzverhältnisse und Satzungen, die der rechtlichen Ordnung der menschlichen Gesellschaft zugrunde liegen, zu verstehen sind[25]. Sie ist eine Erfahrungswissenschaft vom Recht, die durch theoretische Analyse und empirische Forschung die rechtsrelevanten Kräfte des Soziallebens ermitteln will[26], um dadurch das Phänomen Recht als Regulator des Soziallebens in seiner Lebensverwurzelung zu erfassen[27]. Da sich das Recht als Produkt der gesellschaftlichen Kräfte darstellt, ist seine Analyse mit sozialwissenschaftlichen Methoden durchzuführen.

---

[20] *Th. Geiger*, a.a.O., S. 57 f.: „Forschungsgegenstand der Soziologie ist der Ordnungsmechanismus in seiner Gänze."
[21] S. hierzu *E. E. Hirsch*, Das Recht im sozialen Ordnungsgefüge, in: ders., Das Recht im sozialen Ordnungsgefüge, S. 25, 26, der jedoch von *einem* sozialen Ordnungsgefüge ausgeht. Dieser Ansicht ist zu folgen, weil jede konkrete Gesellschaft ein einziges Ordnungsgefüge ist, das durch mehrere „Ordnungen" bzw. „Ordnungsmechanismen" determiniert wird.
[22] Vgl. *Trappe*, Einleitung zu Th. Geiger, Vorstudien zu einer Soziologie des Rechts, S. 22, mit weiteren Zitaten.
[23] Unter den rechtlichen Normen werden dabei nur die den wirklichen Verlauf des Lebens beeinflussenden Regeln verstanden. *Th. Geiger*, a.a.O., S. 58.
[24] Vgl. ders., a.a.O., S. 44. Es handelt sich hierbei um das von E. E. Hirsch aufgezeigte Ordnungsgefüge (vgl. Fußnote 21), da den Ausführungen von Th. Geiger zufolge mehrere Ordnungsmechanismen vorliegen, die sich ineinander fügen oder ineinander gefügt sind.
[25] Vgl. *Ehrlich*, Grundlegung der Soziologie des Rechts, S. 29, 155; so auch *Gurvitch*, Rechtssoziologie, S. 188; vgl. auch *Nußbaum*, Die Rechtstatsachenforschung, AcP 154 (1955), S. 453, 462, über die rechtlichen Regeln.
[26] *E. E. Hirsch*, Was kümmert uns die Rechtssoziologie?, in: ders., Das Recht im sozialen Ordnungsgefüge, S. 38, 44.
[27] *J. Stone*, Social Dimensions of Law and Justice, Stanford 1966, S. 35, spricht sich gegen eine derartig autonome Rechtssoziologie aus: „We believe that progress in understanding law in its relation to society does not depend on the illusory search for the methodological basis of an autonomous social science or sociology of law."

§ 15 Die empirische und die theoretische Rechtssoziologie

Um das kausale Rechtsdenken auf etwaige rechtssoziologische Kriterien untersuchen zu können, müssen die empirische und die theoretische Rechtssoziologie voneinander abgegrenzt werden.

1. Der empirische Zweig der Rechtssoziologie

Der empirischen Rechtssoziologie geht es um die Erforschung des *lebenden* Rechts[28]. Hier wird auf zweckfreiem und empirischem Wege ermittelt, wie das Rechtsleben tatsächlich abläuft, welche sozialen Faktoren für den jeweiligen Rechtsbildungsvorgang von maßgebender Bedeutung sind, wie sie sich im einzelnen auf diesen Prozeß auswirken und wie umgekehrt das Recht in seiner Eigenschaft als Regulator des Soziallebens auf dieses einwirkt[29].

Der empirischen Rechtssoziologie geht es somit um die Erforschung der Interdependenz zwischen der sozialen Wirklichkeit und den lebenden Rechtsnormen, also um die Erforschung ihrer Genesis und ihrer sozialen Effektivität.

Die Rechtstatsachenforschung im Sinne von Nußbaum ist demnach nicht selber Rechtssoziologie[30]; sie greift jedoch, wenn auch nur zu einem geringen Teil, in das Gebiet der empirischen Rechtssoziologie über. Sie untersucht nicht die Erscheinungen der Interdependenz zwischen Sozialleben und lebendem Recht. Ihr geht es vielmehr darum, den Inhalt der Normen zu bestimmen und somit festzustellen, was an subsumierbarem Recht dem praktischen Juristen hier und jetzt zur Verfügung steht und

---

[28] Vgl. *Ehrlich*, Grundlegung der Soziologie des Rechts, S. 399, der den Terminus vom „lebenden Recht" geprägt hat. *M. Rehbinder*, Einleitung zu *Ehrlich*, Recht und Leben, Berlin 1967, S. 8.

[29] Vgl. *E. E. Hirsch*, Was kümmert uns die Rechtssoziologie?, S. 50: „Die Aufgabe besteht darin, hierbei vor allem die sozialen Faktoren (Kräfte, Energien, Strömungen) zu suchen, zu bestimmen, zu erkennen und zu beschreiben, welche für das Heute-Hier-So einer konkreten Rechtsordnung und deren Wandel determinierend sind."

[30] Vgl. hierzu *E. E. Hirsch*, Aufriß einer Vorlesung „Rechtssoziologie", a.a.O., S. 332; ders., Rechtssoziologie heute, a.a.O., S. 34 f., Fußnote 31, wonach das Sammeln von Klauseln, Vorschriften usw., die in internationalen und supranationalen Abkommen, staatlichen Rechtsnormen, Satzungen, Ordnungen, Allgemeinen Geschäftsbedingungen, standardisierten Massenverträgen, Formularen und ähnlichem enthalten sind, sowie der mit Hilfe der so gewonnenen Ergebnisse zu erbringende Nachweis des „heute", „hier", „so" rechtlich belangvollen Aufgabe der Rechtstatsachenforschung ist, die unter diesem Aspekt „eine *juristische* Disziplin zwecks Erkenntnis des „lebenden", d. h, des tatsächlich geltenden, befolgten, angewandten, durchgesetzten und durchsetzbaren Rechtes" darstellt. Erst von dieser Basis aus sei eine *soziologische* (insbesondere rechtssoziologische) Fragestellung sinnvoll.

welche Folgerungen aus diesem tatsächlich praktizierten Recht für das dogmatische Lehrgebäude zu ziehen sind. Dabei wird die Norm in ihrer Realität ermittelt, d. h. es wird die tatsächliche Anwendung und Ausgestaltung der einzelnen Rechtsnormen durch den Rechtsstab untersucht[31]. Insoweit sind in der von Nußbaum betriebenen Faktenforschung Elemente einer empirischen Rechtssoziologie enthalten. Dennoch steht sie im Gegensatz etwa zu Wolf, Lüke und Hax, die am Beispiel des Scheidungsrechts die sozialen Ursachen der Scheidungen sowie die Interdependenz zwischen diesen und dem Scheidungsrecht erforschen[32].

2. Der theoretische Zweig der Rechtssoziologie

In diesem Zweig der Rechtssoziologie wird analytisch vorgegangen, indem zunächst aus den empirisch festgestellten Daten bzw. Ergebnissen eine Theorie aufgebaut wird, d. h. diese Ergebnisse werden in ein wissenschaftliches System gebracht, um mit diesem anschließend die einzelnen Erscheinungen des lebenden Rechts in ihrem funktionalen Zusammenhang mit dem Sozialleben zu analysieren. Die theoretische Rechtssoziologie baut auf der empirischen auf, wobei versucht wird, aus den funktionalen Zusammenhängen „wissenschaftliche Gesetzmäßigkeiten im Sinne von statistischen Wahrscheinlichkeiten abzuleiten"[33].

§ 16 Die soziologische Jurisprudenz

Die durch die Rechtssoziologie gewonnenen Ergebnisse sind praktisch anwendbar, insbesondere in der Gesetzgebung und bei der praktischen Rechtsanwendung. Wir sprechen dann von einer angewandten Rechtssoziologie oder von der *soziologischen Jurisprudenz* als einer Lehre von der „soziologisch orientierten Aufstellung, Anwendung und Durchsetzung der Rechtsnormen durch den Rechtsstab"[34].

---

[31] Wenn auch nach Nußbaum (Die Rechtstatsachenforschung, S. 462) Rechtstatsachenforschung „die systematische Untersuchung der sozialen, politischen und anderen tatsächlichen Bedingungen, auf Grund deren einzelne rechtliche Regeln entstehen, und die Prüfung der sozialen, politischen und sonstigen Wirkungen jener Normen" bedeutet, so beschäftigt er sich entgegen dieser Definition ausschließlich mit der Erforschung des tatsächlich angewandten Rechts; ebd., S. 470 ff.
[32] *Wolf-Lüke-Hax*, Scheidung und Scheidungsrecht, Tübingen 1959, insb. S. 177 ff.; s. auch *Noelle-Neumann, Schramm* (Umfrageforschung in der Rechtspraxis, Weinheim 1961, S. 15 ff.) über die Umfrageforschung zur Klärung von Rechtsfragen.
[33] Vgl. *E. E. Hirsch*, Was kümmert uns die Rechtssoziologie?, a.a.O., S. 44, der in diesem Zusammenhang von der reinen Rechtssoziologie spricht.
[34] *M. Rehbinder*, Die Begründung der Rechtssoziologie durch Eugen Ehrlich, Berlin 1967, S. 77.

Die von dem Rechtstechniker gestellte Frage quid facti? unterscheidet sich grundlegend von der des Rechtssoziologen, da es jenem lediglich um die Feststellung des Sachverhalts geht, den er unter eine Norm subsumieren will. Wenn jedoch im Einzelfall außer der Ermittlung des Sachverhalts auch die Feststellung eines tatsächlichen Verhaltens in der Rechtspraxis notwendig wird, weil dies der Tatbestand bestimmter Rechtsnormen verlangt, oder infolge einer gesetzlichen Verweisung auf außerrechtliche Sozialordnungen (z. B. §§ 138, 242 BGB, Handelsbräuche) das Verhalten im Gruppenleben festgestellt werden muß, stellt der Rechtstechniker die gleiche Frage wie der Rechtssoziologe. In diesem Falle betreibt er soziologische Jurisprudenz, da bei der Anwendung der Norm soziologische Erkenntnisse herangezogen werden[35].

Zweiter Abschnitt

Das kausale Rechtsdenken und die empirische Rechtssoziologie

§ 17 Die Erforschung der Interdependenz zwischen sozialer Wirklichkeit und lebendem Recht durch das kausale Rechtsdenken

Mit der Feststellung, daß Müller-Erzbachs Lehre vom kausalen Rechtsdenken die Interdependenz zwischen Sozialleben und Rechtsordnung zum Gegenstand ihrer Betrachtung gemacht hat[36], ist die Frage aufgeworfen, ob seine Lehre der empirischen Rechtssoziologie zuzuordnen ist[37].

Die Beantwortung dieser Frage ist abhängig davon, ob bei der Untersuchung der Interdependenz auf die lebende Rechtsnorm abgestellt

---

[35] S. hierzu E. E. *Hirsch*, Was kümmert uns die Rechtssoziologie?, a.a.O., S. 45; M. *Rehbinder*, Karl N. Llewellyn als Rechtssoziologe, Kölner Zeitschrift für Soziologie und Sozialpsychologie, 18 (1966), S. 532, 551.

[36] S. oben, § 11.

[37] Eine Untersuchung der kausalen Rechtslehre unter dem Gesichtspunkt einer Erforschung lediglich des tatsächlich angewandten Rechts kommt nicht in Betracht, da sich Müller-Erzbach ausschließlich mit der Frage beschäftigt, welche Lebenselemente für die jeweiligen Normen ursächlich waren, und welche Wirkungen von diesen Normen wiederum auf das Sozialleben ausgehen. Auch die von ihm ermittelten rechtsrelevanten Lebenselemente sind nur für sein Kausalverfahren und somit für die Feststellung jener Interdependenzerscheinungen gedacht.

§ 17 Die Erforschung der Interdependenz

wird, da nur in diesem Fall der Gegenstand der Forschung dem der empirischen Rechtssoziologie entspricht.

In seiner im Jahre 1932 erschienenen Schrift über die Interessenjurisprudenz hat Müller-Erzbach[38] die von H. Göppert, Nußbaum, Wüstendorfer und J. Flechtheim betriebene Richtung der Rechtstatsachenforschung sehr begrüßt. Er betont, daß die Betrachtung des gesamten Rechtslebens der Mitarbeit der Rechtstatsachenforschung bedürfe.

Müller-Erzbach selbst identifiziert sich nicht mit dieser Richtung. Aus dieser Äußerung wie auch aus dem anschließend von ihm erörterten Fall über die Mehrheitsherrschaft im Vereinsrecht kann man jedoch den Eindruck gewinnen, als wolle er bei der Erforschung der Interdependenzerscheinungen das lebende Recht zugrunde legen.

Dieser Eindruck wird noch verstärkt, wenn Müller-Erzbach später[39] von der Einwirkung der Bedürfnisse auf das *geltende* Recht spricht und darunter offenbar das lebende Recht verstanden wissen will; denn anschließend beschäftigt er sich mit Rechtsgestaltungen in ihrer Faktizität, die jeweils durch die sich ändernden Interessenlagen bedingt sind. So führt er unter anderem aus, daß sich die Schiffsmannschaften noch Jahrhunderte hindurch „ein Festhalten am genossenschaftlichen Element durch den Schiffahrtsunternehmer" gefallen lassen mußten und es dessen Interesse entsprochen habe, daß auf Grund des Rechtssatzes „Fracht ist die Mutter der Gage" die Mannschaft erst nach Ankunft des Gutes am Bestimmungshafen entlohnt worden sei[40].

Jedoch allein aus diesen Ausführungen den Charakter des kausalen Rechtsdenkens zu folgern, würde dem Umfang und der Mannigfaltigkeit der wissenschaftlichen Arbeiten Müller-Erzbachs nicht gerecht werden; es bestünde die Gefahr, die wesentlichen Kriterien dieser Lehre zu verkennen. Um die oben gestellte Frage umfassend zu beantworten, ist es daher erforderlich, an Hand einiger Schriften Müller-Erzbachs zu ermitteln, in welcher Weise er die von ihm aufgestellte Forderung nach der Lebensdurchdringung des Rechts im einzelnen erfüllt hat. Denn nur die darin durchgeführten Untersuchungen geben genügenden Aufschluß darüber, ob die vom kausalen Rechtsdenken verlangte und praktizierte Ursachenforschung in ihren wesentlichen Zügen der empirischen Rechtssoziologie entspricht.

---

[38] *Müller-Erzbach*, Interessenjurisprudenz, S. 92 ff.
[39] Ders., a.a.O., S. 98.
[40] Ders., ebd.

§ 18 Eine Analyse einzelner Schriften Müller-Erzbachs unter dem Gesichtspunkt des lebenden Rechts

1. Die frühen Arbeiten Müller-Erzbachs

Müller-Erzbachs Schrift „Lassen sich das Recht und das Rechtsleben tiefer und sicherer erfassen?" läßt gleich zu Beginn erkennen, daß im wesentlichen das Problem der Auslegung von *Gesetzesbestimmungen* und rechtsgeschäftlichen Erklärungen behandelt werden und hierbei das kausale Rechtsdenken Anwendung finden soll. Nicht nur der Rechtsforscher sei dazu aufgefordert, sich durch ein kausales Rechtsdenken einen tieferen Einblick in die Entstehung der Rechtsbildungen zu verschaffen, sondern vor allem der Richter und die sonstigen zur Rechtsverwirklichung berufenen Personen[41]. Dadurch werde jede Auslegung an Rechtssicherheit gewinnen.

Da im Vordergrund die Auslegung angewandter Gesetzesbestimmungen steht und in deren Rahmen auf die den einzelnen Normen zugrunde liegenden Lebensfaktoren abgestellt wird, geht es um die Erforschung der Interdependenz zwischen Sozialleben und lebendem Recht.

Dem rechtssoziologischen Charakter einer Lehre steht es nicht entgegen, wenn die von ihr vorgenommene Beobachtung der Interdependenz im obigen Sinne letzthin der Auslegung gesetzlicher Bestimmungen dienen soll. Zweifel darüber, ob das *lebende* Recht in seiner Wechselwirkung zum Sozialleben Gegenstand der Betrachtung ist, könnten sich jedoch daraus ergeben, daß Müller-Erzbach des öfteren allein die abstrakte Norm betrachtet, ohne dabei zu prüfen, ob diese wiederum im Sozialleben ihren Niederschlag gefunden hat. Nicht alle diese Normen sind unbedingt lebendes Recht, sondern stellen ein Gedankengebilde dar, das durchgesetzt werden *soll*. Weist doch auch Müller-Erzbach häufig auf eine verfehlte, weil wesentliche Lebensfaktoren nicht genügend beachtende, Gesetzgebung hin, die zur Folge hat, daß in den einzelnen Bereichen des Lebens ein ganz anderes Recht praktiziert wird und somit ein erheblicher Unterschied zwischen geltendem und lebendem Recht besteht[42].

Insgesamt läßt sich dennoch sagen, daß sich diese Schrift in überwiegendem Maße mit der Auslegung von lebenden Gesetzesbestimmungen aus dem Gesichtspunkt der Interessen- und Herrschaftslage beschäftigt. Dies wird besonders deutlich, wenn Müller-Erzbach die Rechtsprechung

---

[41] *Müller-Erzbach*, a.a.O., S. 3.
[42] So z. B. Müller-Erzbachs Ausführungen über Herrschaft und Haftung im Aktienrecht, in: Lassen sich das Recht und das Rechtsleben tiefer und sicherer erfassen?, S. 19 ff., sowie über Sondervereinbarungen im Vereinsrecht, in: Recht der Mitgliedschaft, S. 196 ff.

§ 18 Eine Analyse einzelner Schriften Müller-Erzbachs

kritisiert, weil sie z. B. die unterschiedliche Machtlage verkannt und daher das Gesetz falsch angewandt habe[43]. In diesen Fällen geht er von einer Gesetzesbestimmung aus, so wie sie sich unter dem Gesichtspunkt der Interessen- oder Herrschaftslage darstellt. Diese vergleicht er anschließend mit der Rechtsprechung, in welcher sie Anwendung gefunden und ihr Gepräge erhalten hat. Im Mittelpunkt seiner Forschung steht also die lebende Norm. Wenn er dann ihr Gepräge oder die Art der Anwendung ablehnt, weil er diese Bestimmung lediglich in dem Sinne verstanden wissen will, der ihm durch seine Kausalmethode vermittelt wird, so kritisiert er damit das durch die Rechtsprechung konkretisierte lebende Recht. Es werden dabei die Kausalfaktoren ermittelt, auf denen diese Norm beruht, und deren tatsächliche Anwendungsform zum Zwecke des Vergleichs mit dem ermittelten Sinngehalt herangezogen, um festzustellen, ob die Rechtsprechung bei der Auslegung die Interessen- oder die Herrschaftslage berücksichtigt hat, von der das Gesetz ersichtlich ausgegangen ist.

So wird z. B. die in § 27 II BGB ausgesprochene Möglichkeit des jederzeitigen Widerrufs der Geschäftsführungsbefugnis und der Vertretungsmacht eines Vereinsvorstandes aus der Interessenlage erklärt[44]. Die Vorschrift des § 147 BGB wird auf eine bestimmte Herrschaftslage zurückgeführt, von der der Gesetzgeber angeblich ausgegangen sei[45]. So habe § 147 I BGB Erklärungen vorausgesetzt, deren Inhalt und Tragweite sofort erfaßbar seien.

Diese und andere Erörterungen im Rahmen der angeführten Schrift zeigen, daß Müller-Erzbach die Gesetzesbestimmung in ihrer tatsächlichen Anwendung zum Gegenstand seiner Betrachtungen macht und dabei die für die Rechtsbildung ursächlichen Lebensfaktoren heranzieht. Sein Verfahren bestätigt in überzeugender Weise die Worte von Gurvitch: „Der Jurist kann keinen einzigen Schritt mehr tun ohne zugleich die Arbeit des Soziologen zu machen, ohne die Rechtssoziologie zu Hilfe zu rufen[46]."

In gleicher Weise geht er in seiner Arbeit über „Die Interessen- und die Machtlage beim Kauf und deren Haupteinwirkungen auf die Rechtsgestaltung" aus dem Jahre 1937 vor.

---

[43] S. z. B. die Ausführungen über den Dissens und eine daraus sich ergebende Schadensersatzpflicht unter analoger Anwendung des § 122 BGB, sowie die Kritik an der Rechtsprechung des Reichsgerichts, wonach ein derartiger Schadensersatzanspruch bejaht wird, *Müller-Erzbach*, a.a.O., S. 55 f., Fußnote 8.
[44] *Müller-Erzbach*, a.a.O., S. 41.
[45] Ders., a.a.O., S. 54.
[46] *Gurvitch*, Rechtssoziologie, a.a.O., S. 184.

Auch dort steht das lebende Recht im Vordergrund seiner Betrachtungen, insbesondere unter dem Gesichtspunkt seiner Abhängigkeit vom Sozialleben. Gleich zu Anfang wird festgestellt, daß erst eine Vereinigung und planmäßige Verwendung der Gesichtspunkte der Interessen- und Machtlage Erkenntnisse über den Zusammenhang zwischen Recht und Leben ermöglichen[47].

Ausführlich wird dann unter anderem auf den Überseehandel mit seinen einzelnen rechtlichen Ausgestaltungen eingegangen, insbesondere auf die Cif-Klausel und das Dokumenten-Trattengeschäft[48]. Die Traditionskraft der zu diesem Dokumentengeschäft gehörenden Konnossemente mache den Käufer bereits durch deren Übergabe zum Eigentümer des Überseegutes, wodurch diesem eine schnelle Ausnutzung der Marktlage ermöglicht werde, was besonders der Beschleunigung und Sicherung der Vertragsabwicklung im Überseehandel diene. Gleichzeitig werde durch die Cif-Klausel die Herrschaftslage der Parteien gestaltet, indem der Käufer die Gefahr der Seereise auf sich nehme, der Verkäufer jedoch zur Versicherung der Ware verpflichtet sei, wodurch die Gefahr der Seereise für den Käufer wiederum geschmälert werde. All diese Regelungen seien dem Bedürfnis entsprungen, Abschluß und Durchführung des Vertrages zu erleichtern sowie dem Käufer möglichst schnell die Verfügungsmacht über die Ware zu verschaffen.

Wir sehen hier, wie Müller-Erzbach mit Hilfe des kausalen Rechtsdenkens Erscheinungen des lebenden Rechts in ihrem Verhältnis zur sozialen Wirklichkeit zu erfassen sucht, indem er die wesentlichen Lebensfaktoren Interesse, Macht und Vertrauen in ihren Einwirkungen auf den Rechtsbildungsvorgang auf dem Gebiet des Überseehandels untersucht und somit das lebende Recht einem kausalen Erfassen zugänglich macht.

In der gleichen Weise wird das kausale Rechtsdenken auf die „Allgemeinen Geschäftsbedingungen" der einzelnen Zweige des Warenhandels angewandt[49]. So sei das in diesen Geschäftsbedingungen zum Vorschein kommende Vertragsrecht in seiner jeweiligen Ausgestaltung abhängig von der beim Gattungskauf gegebenen Machtlage. Im Überseehandel mit Landeserzeugnissen nehme z. B. dieses Vertragsrecht mit einigen Ausnahmen dem Käufer das Wandlungsrecht ganz, da es nicht allein in der Macht des Verkäufers steht, einwandfreie Ware zu liefern. In diesem Zusammenhang wird weiterhin festgestellt, daß sich durch den Einfluß der Technik neue Bedürfnisse entwickelt hätten, wodurch das

---

[47] *Müller-Erzbach*, a.a.O., S. 142.
[48] Ders., a.a.O., S. 154.
[49] Ders., a.a.O., S. 156.

Wandlungsrecht beim Gattungskauf anderen Interessen dienstbar gemacht worden sei, als dies das BGB beabsichtigte.

Wenn Müller-Erzbach auch in dieser Arbeit manchmal im normativen Bereich verbleibt und lediglich abstrakte Gesetzesbestimmungen auf die Lebensfaktoren Interesse und Macht zurückführt[50], so läßt sich dennoch sagen, daß hier die Interdependenz zwischen Sozialleben und lebendem Recht Gegenstand der Kausalmethode ist[51].

2. Die späten Arbeiten Müller-Erzbachs

Auch in seinem Werk „Das private Recht der Mitgliedschaft als Prüfstein eines kausalen Rechtsdenkens" geht Müller-Erzbach von Gesetzesvorschriften aus, wie sie sich auf Grund ihrer Anwendung durch die Rechtsprechung und den Rechtsverkehr darstellen. Seine Kausalmethode wird anhand von Normen des Bürgerlichen Rechts, des Aktien- und des Handelsrechts veranschaulicht. Dabei wird das Postulat aufgestellt, daß die Tragweite von Gesetzesbestimmungen durch die Feststellung ermittelt werden solle, „welchen Belangen sie ersichtlich dienen sollen und auf welche Machtgestaltung sie offenbar abzielen"[52]. Insbesondere in den Ausführungen über Abstimmungsvereinbarungen[53] ist der Interdependenz im oben erörterten Sinne große Beachtung geschenkt worden.

Das gleiche gilt für die Schrift „Die Rechtswissenschaft im Umbau". Mit dem dort zur Veranschaulichung gegebenen Rechtsfall über eine oHG[54] will das kausale Rechtsdenken die Lebensverwurzelung des Rechts unterstreichen und ein Beispiel dafür bringen, daß nur durch Heranziehung der rechtsrelevanten Lebenselemente eine Rechtsprechung gewährleistet ist, die den jeweiligen gesellschaftlichen Gegebenheiten entspricht.

In seiner letzten Arbeit über das kausale Rechtsdenken[55] ist Müller-Erzbach ebenfalls auf das lebende Recht und seine Beziehung zum

---

[50] *Müller-Erzbach*, a.a.O., S. 148 ff.
[51] In diesem Sinne schließt er auch seine Ausführungen mit der Feststellung: „Wird der Rechtsforscher weiter gewahr, wie Generationen von Kaufleuten daran gearbeitet haben, auch die Herrschaft über das Kaufrechtsverhältnis — insbesondere die des Käufers — so zu gestalten, wie es jeweils dem Stande der Verkehrstechnik und den dadurch geschaffenen Beherrschungsmöglichkeiten und Bedürfnissen entspricht, dann wird auch der Kaufmann nicht mehr das Empfinden haben, in seinen Hauptzielen von dem Juristen nicht verstanden zu sein." *Müller-Erzbach*, a.a.O., S. 158 f.
[52] *Müller-Erzbach*, a.a.O., S. 177.
[53] Ders., a.a.O., S. 249.
[54] Ders., a.a.O., S. 123 ff.
[55] Ders., Erfassen des Rechts, S. 299 ff.

Sozialleben eingegangen. Unter anderem wird die vom heutigen Rechtsleben verselbständigte Gründungs- und Beitrittserklärung zu Verbänden eingehend erörtert und auf das Sicherungsinteresse und Vertrauen der „machtlosen Verbandsgläubiger" zurückgeführt, die eine Anfechtung mit rückwirkender Vernichtung der Erklärungen und rückwirkendem Fehlen von Haftungskapital nicht zulassen[56]. Auch auf die Kommanditgesellschaften mit einer GmbH als Komplementärin wird eingegangen, ohne daß aber die zu dieser Erscheinung führenden Faktoren im einzelnen ermittelt werden[57]. Im Vordergrund stehen vielmehr die sich aus dieser Gesellschaftskonstruktion ergebenden Rechtsfolgen, wobei die einzelnen Lebenselemente berücksichtigt werden. So kommt Müller-Erzbach in diesem Zusammenhang zu dem Ergebnis, daß eine GmbH nicht die Geschäfte einer Kommanditgesellschaft führen könne, da es im Falle einer GmbH an dem beim Komplementär vorausgesetzten Verantwortungsbewußtsein fehle[58].

Manchmal aber bewegt sich Müller-Erzbach auch hier allein im normativen Bereich, so z. B. bei der Auslegung von Bestimmungen des GmbHG[59].

3. Zusammenfassung

Die Frage, ob das kausale Rechtsdenken das lebende Recht in seiner Wechselbeziehung zum Sozialleben zum Gegenstand seiner Betrachtung hat, ist zu bejahen. Es wird zwar des öfteren der normative Bereich nicht überschritten, im wesentlichen wird aber auf das lebende Recht abgestellt.

Es geht hauptsächlich um die Auslegung von Gesetzesbestimmungen mit Hilfe der von Müller-Erzbach ermittelten Lebensfaktoren, wobei die in der Rechtssoziologie wesentlichen Interdependenzerscheinungen beachtet werden.

Müller-Erzbach geht viel auf die Rechtsprechung ein, und zwar im Verhältnis zur Norm und den dieser zugrunde liegenden Elementen[60].

Soweit einzelne Entscheidungen auf die Berücksichtigung der Lebenselemente hin überprüft werden, geschieht dies einmal in der Absicht, das lebende Recht in seiner Abhängigkeit vom Sozialleben zu ergründen, zum anderen zwecks Feststellung, ob die Rechtsprechung entspre-

---

[56] *Müller-Erzbach*, a.a.O., S. 340.
[57] Ders., a.a.O., S. 327.
[58] Ders., ebd.
[59] S. hierzu ders., a.a.O., S. 337.
[60] So z. B. ders., Lassen sich das Recht und das Rechtsleben tiefer und sicherer erfassen?, S. 51, 57.

§ 18 Eine Analyse einzelner Schriften Müller-Erzbachs

chend der Kausalmethode verfahren ist, also die Norm aus der Interessen- oder Machtlage ausgelegt und danach den zu entscheidenden Fall beurteilt hat, d. h. auch dort die Interessen- oder Machtlage untersucht und eine Gleichheit mit der von der Norm vorausgesetzten festgestellt hat[61].

Gerade diese Ausführungen zeigen, daß das Sozialleben die Rechtsprechung formt und sie zum Schaffen eines lebenden, den sozialen Gegebenheiten entsprechenden Rechts befähigt oder gar zwingt. Wenn die kausale Rechtslehre bei der Beurteilung der Rechtsprechung auf die den Normen zugrunde liegenden Kausalelemente abstellt, so wird ganz deutlich, daß hier eine Verbindung zwischen Sozialleben und angewandtem Recht hergestellt werden soll, aus der sich deren gegenseitige Abhängigkeit ergibt. Die Rechtsprechung wird regelmäßig dann kritisiert, wenn sie die für die Norm ursächlichen Lebenselemente nicht genügend gewürdigt hat.

Daß das Sozialleben für das lebende Recht von wesentlicher Bedeutung ist, wird schließlich durch Müller-Erzbachs Forderung bestätigt, daß nur die Interessen- und Machtlagen zu berücksichtigen seien, von denen das Gesetz *ersichtlich* ausgegangen sei[62]. Hier wird ganz klar, daß die Norm nur insoweit im Mittelpunkt der Betrachtung steht, als die sich aus ihr direkt ergebenden Lebenselemente heranzuziehen sind, also letztlich auf die *unmittelbare* Beziehung zum Sozialleben abgestellt wird.

Die Lebensverwurzelung des Rechts, d. h. die Interdependenz zwischen Sozialleben und lebendem Recht, hat also eine zentrale Bedeutung

---

[61] Vgl. *Müller-Erzbach,* Die Interessen- und Machtlage beim Kauf, in: Festschrift für Heinrich Lehmann, Berlin 1937, S. 141, 149 zur Rechtsprechung des Reichsgerichts über Gewährleistungsansprüche bei Sach- und Rechtsmängeln; Recht der Mitgliedschaft, S. 389 über den Vergleich des vom Gesetzgeber in § 892 BGB vorausgesetzten Beherrschungsvermögens mit dem einer Einmanngesellschaft, von der Alleingesellschafter ein Grundstück erwirbt mit der Folge, daß § 892 BGB keine Anwendung findet, da letzterer ein entsprechendes Einsichtsvermögen in die Rechtsverhältnisse bezüglich des Grundstücks hat; so auch die h. M., die ein „Verkehrsgeschäft" voraussetzt, d. h. eine rechtliche und wirtschaftliche Verschiedenheit der Vertragsparteien, also auch von einem fehlenden Einsichtsvermögen ausgeht; vgl. RGZ 126, 46 (49); *Staudinger-Seufert,* Kommentar zum BGB, 2. Bd., 2. Teil, 11. Aufl., Berlin 1955, § 892 Anm. 20, 22 a; *Soergel-Siebert-Baur,* Bürgerliches Gesetzbuch, 3. Bd., 9. Aufl., Stuttgart 1960, § 892 Anm. 18; ferner: Erfassen des Rechts, S. 333 über die erforderliche Zustimmung sämtlicher Gesellschafter gemäß § 53 III GmbHG bei der Erweiterung mitgliedschaftlicher Verpflichtungen und die deutsche Rechtsprechung hierüber, sowie S. 343 über die Rechtsprechung des Reichsgerichts hisichtlich des Gesichtspunkts von Herrschaft und Haftung bei der Einmanngesellschaft: „Ist seine Machtlage offenbar eine andere als die, welche dort das Gesetz voraussetzt."

[62] *Müller-Erzbach,* Lassen sich das Recht und das Rechtsleben tiefer und sicherer erfassen?, S. 36, 47; Die Interessen- und Machtlage beim Kauf, S. 142.

II. 3. Gesichtspunkt der kausalen Gesetzmäßigkeit

in der kausalen Rechtslehre[63]. Dies gilt auch für die Fälle, in denen sich die Ursachenforschung zunächst auf die Tatbestände der *geltenden* Rechtsnormen bezieht. Dementsprechend erfüllt die Lehre Müller-Erzbachs die Voraussetzungen einer empirischen Rechtssoziologie.

Dritter Abschnitt

Das kausale Rechtsdenken und die theoretische Rechtssoziologie unter dem Gesichtspunkt der kausalen Gesetzmäßigkeit

§ 19 Die mittelbare Kausalität bei Müller-Erzbach

Um festzustellen, ob die Lehre vom kausalen Rechtsdenken Elemente der theoretischen Rechtssoziologie oder gar deren wesentliche Kriterien enthält, muß zunächst auf das Wesen und die Problematik der von Müller-Erzbach herausgestellten „mittelbaren Kausalität" eingegangen werden, da diese den Ausgangspunkt seiner gesamten Betrachtungen darstellt.

Müller-Erzbach nimmt für die durch die jeweiligen Lebenselemente bedingten Rechtsbildungsvorgänge nicht die mechanische Kausalität an, sondern unterstellt eine *mittelbare* Beeinflussung des Rechts durch jene Lebensfaktoren[64]. Sein Kausalitätsbegriff steht daher im Gegensatz zu der Auffassung, wonach der Gesetzgeber als „Transformator" erscheint, d. h. „die zusammenfassende Bezeichnung für die kausalen Interessen"[65] in dem Sinne darstellt, daß „die Gesetze als Resultanten der in jeder Rechtsgemeinschaft einander gegenübertretenden und um Anerkennung ringenden Interessen materieller, nationaler und ethischer Richtung"[66], also gleichsam als ein Parallelogramm der Kräfte zu verstehen sind. Denn gerade diese letzte Sinnbedeutung beinhaltet eine Ursache-Wir-

---

[63] In diesem Sinne ist auch die folgende Aussage Müller-Erzbachs (Erfassen des Rechts, S. 309) aufzufassen: „Das Recht muß sich im Leben verwirklichen. Daran hängt auch sein Ansehen. Es kann daher nur auf Interessen abstellen, die tatsächlich verfolgt zu werden pflegen und denen eine hinreichende Triebkraft eigen ist."

[64] S. oben, § 8 Nr. 1.

[65] Vgl. *Ph. Heck,* Gesetzesauslegung und Interessenjurisprudenz, Tübingen 1914, S. 8, 64 f.; so auch *Stoll,* Begriff und Konstruktion in der Lehre der Interessenjurisprudenz, in: Festgabe für Ph. Heck, M. Rümelin und A. B. Schmidt, Tübingen 1931, S. 60, 72.

[66] So *Ph. Heck,* Gesetzesauslegung und Interessenjurisprudenz, S. 17.

kung-Beziehung gemäß der mechanischen Kausalität, die ja von Müller-Erzbach abgelehnt wird.

Für das Verständnis des aufgelockerten Kausalitätsbegriffs ist es wesentlich, durch welche Überlegungen er sich rechtfertigen läßt und inwieweit diese bei Müller-Erzbach wiederzufinden sind.

1. Das Kausalitätsprinzip in der Mikrophysik

In letzter Zeit sind Zweifel an der Gültigkeit des Kausalitätsprinzips im Sinne eines strengen Zusammenhanges zwischen Ursache und Wirkung aufgetaucht, da einzelne Erscheinungen auf dem Gebiet der Mikrophysik nicht mehr einer exakten Vorausberechnung unterworfen werden konnten. Durch die Quantentheorie von Planck und die Ungewißheitsrelationen Heisenbergs ist das Prinzip der strengen Kausalität stark erschüttert worden. In der Atomphysik sind daher die „Naturgesetze" nicht mehr im Sinne von absolut gültigen und keine Ausnahme zulassenden Gesetzmäßigkeiten, sondern im Sinne von Wahrscheinlichkeiten zu verstehen[67].

Auf das soziale Geschehen bezogen bedeutet diese Erkenntnis, daß die einzelnen sozialen Abläufe Regeln und Regelmäßigkeiten unterliegen, die ebenfalls als Wahrscheinlichkeiten aufzufassen sind[68]. MacIver[69] weist in diesem Zusammenhang darauf hin, daß wir keine Aussage machen können, wonach auf Grund einer bestimmten Ursache notwendig eine bestimmte Folge eintritt, sondern nur, daß eine bestimmte Wahrscheinlichkeit für ihr Eintreten besteht[70]. MacIver's Prinzip der sozialen Verursachung unterscheidet sich daher in erheblichem Maße vom Kausalitätsprinzip im herkömmlich physikalischen Sinne[71].

---

[67] S. zu diesem Problem MacIver, Social Causation, Boston 1942, S. 32 f.; ferner E. E. Hirsch, Die Rechtswissenschaft und das neue Weltbild, in: ders., Das Recht im sozialen Ordnungsgefüge, S. 65, 79 ff.

[68] S. hierzu E. E. Hirsch, a.a.O., S. 80, wonach im Bereich des praktischen Lebens die als Naturgesetze oder Gesetzmäßigkeiten bezeichneten Wahrscheinlichkeiten und Erwartungen als empirische Gewißheiten angenommen werden, obgleich in der Welt der Atome nicht „Kausalität und Kontinuität, sondern Unbestimmtheit und Diskontinuität" herrschen; s. ferner R. König, Einleitung zu E. Durkheim, Die Regeln der soziologischen Methode, S. 78: „In vielen Fällen wird man sich genötigt sehen, statt absolut eindeutiger Kausalbeziehungen mit Vermutungen eines sehr hohen Wahrscheinlichkeitsgrades vorlieb zu nehmen..."; sowie das dort angeführte Zitat von Ranulf, Remarks on the Epistemology of Sociology, Kopenhagen 1955, S. 26 ff.

[69] MacIver, a.a.O., S. 45.

[70] Ders., ebd.: „We can no longer say: if A then X; or even if ABC ... N, then X. For our items never exhaust the totality and therefore are not adequate as a statement of the cause of X. We may say that the relation is probable."

[71] S. ders., a.a.O., S. 263: „There is no point in seeking to apply to social

II. 3. Gesichtspunkt der kausalen Gesetzmäßigkeit

Mit wenigen Ausnahmen war diese Überlegung in der Volkswirtschaftslehre seit ihrem Entstehen herrschend[72]. Die dort aufgestellten Wirtschaftsmodelle in ihrer Eigenschaft als Arbeitshypothesen gehen daher nicht von kausalen Gesetzmäßigkeiten im Sinne von strengen Ursache-Wirkung-Beziehungen aus, sondern von Wahrscheinlichkeiten und Größenbeziehungen zwischen den einzelnen ökonomischen Erscheinungen[73].

Bemerkenswert ist nun, daß Müller-Erzbach zwar auf die unter den Naturforschern entstandenen Zweifel an der Gültigkeit des strengen Kausalgesetzes und die damit verbundenen Schwierigkeiten auf dem Gebiet der Mikrophysik hinweist, die von ihm geprägte „mittelbare Kausalität" jedoch nicht aus diesen Erkenntnissen herleitet[74]. Vielmehr betont er, daß diese Zweifel und die mangelnde Vorausberechenbarkeit das Vertrauen der Rechtsforschung in das Wirken des Kausalgesetzes in ihrem Bereich nicht erschüttern könnten[75].

Wenn Müller-Erzbach andererseits bemerkt, daß dem Recht eine „grobkörnige Wahrscheinlichkeit" genüge[76], so ist daraus zu schließen, daß auch er in diesem Zusammenhang nicht das Kausalgesetz im Sinne der mechanischen Physik meint. Obwohl er die Erkenntnisse der Atomphysik nicht verwenden will, stimmen die beiden Auffassungen also im Ergebnis überein.

---

systems the causal formula of classical mechanics, to the effect that if you know the state of a system at any instant you can calculate mathematically, in terms of a system of co-ordinates, the state of that system at any other time. We simply cannot use such a formula"; auf S. 317 weist dann MacIver darauf hin, daß im Gegensatz zur Kausalität im physikalischen und biologischen Bereich die ‚social causation' ein sozial-psychologisches Element enthält.

[72] S. hierzu L. J. *Zimmermann*, Geschichte der theoretischen Volkswirtschaftslehre, 2. Aufl., Köln 1961, der einen Überblick über die Entwicklung der Lehrmeinungen gibt.

[73] S. hierzu *Wöhe*, Einführung in die Allgemeine Betriebswirtschaftslehre, 4. Aufl., Berlin 1963, S. 26: „Sie (i. e. die Urteile der exakten Theorie, d. Verf.) sind aber keine Kausalurteile, die eine Aussage über eine kausale Gesetzmäßigkeit (Ursache—Wirkungsverhältnis) machen, sondern Urteile über akausale (funktionale) Größenbeziehungen. Diese Urteile enthalten eine logische Notwendigkeit, einen Zusammenhang von Grund und Folge und nicht eine Beziehung zwischen Ursache und Wirkung"; ders., Methodologische Grundprobleme der Betriebswirtschaftslehre, Berlin 1959, S. 80: „... so kann die empirisch-realistische Theorie nur zur Feststellung von typischen Relationen, Wahrscheinlichkeiten, Gesetzmäßigkeiten, nicht aber von exakten Gesetzen gelangen"; vgl. ferner *E. Gutenberg*, Betriebswirtschaftslehre als Wissenschaft, 4. Aufl., Berlin, Göttingen, Heidelberg 1961, S. 28 f.

[74] *Müller-Erzbach*, Die Rechtswissenschaft im Umbau, S. 71.

[75] Ders., ebd.

[76] Ders., ebd.

2. Der Gesichtspunkt der Bewertung für die mittelbare Kausalität

Wesentlich für die Entwicklung des Begriffs der mittelbaren Kausalität war für Müller-Erzbach die Tatsache, daß das Recht jedes Lebenselement bewerten muß, bevor es gegebenenfalls einem gesetzlichen Schutz unterstellt werden kann[77].

Diese Überlegung führt zwangsläufig zu einem aufgelockerten Kausalitätsbegriff, wie er vom kausalen Rechtsdenken verwandt wird; denn die vom Recht vorgenommene Wertung und eine strenge Kausalität zwischen den Lebenselementen und der Rechtsbildung schließen sich gegenseitig aus. Das Bewerten wird häufig als ein Akt freier Stellungnahme durch den Wertenden aufgefaßt, d. h. als ein „geistiger Akt des Vorziehens und Nachsetzens aus Freiheit, in dem aus mehreren Möglichkeiten eine Wahl getroffen wird"[78]. Diese Definition bedarf jedoch einer Einschränkung. Die Zahl der Möglichkeiten bei der im Rahmen des Bewertens vorzunehmenden Wahl ist begrenzt, die zu treffende Entscheidung ist durch metajuristische Phänomene determiniert. Es besteht somit auch zwischen der vom Recht vorzunehmenden Bewertung und dem Sozialleben ein Abhängigkeitsverhältnis. Dieses Abhängigkeitsverhältnis entspricht jedoch nicht der Kausalität im obigen Sinne, worunter die Verknüpfung von Erscheinungen derart zu verstehen ist, daß die eine die notwendige Folge einer anderen Erscheinung darstellt, also eine Beziehung zwischen Ursache und Wirkung gegeben ist. Eine Entscheidung nach Wertgesichtspunkten findet in derartigen Fällen nicht statt.

Wenn Müller-Erzbach die wertende Tätigkeit des Rechts hervorhebt, so gelangt er folgerichtig zu dem Ergebnis, daß auf Grund dieser Wertungen im Bereich der Rechtsbildungen keine Kausalität im strengeren Sinne vorliegt. Da diese wertende Tätigkeit eine Tatsache des täglichen Lebens ist, kann hinsichtlich der Beziehung zwischen den Lebenselementen und dem Recht von einer gelockerten Kausalität im Sinne einer „mittelbaren Kausalität" gesprochen werden.

Fraglich bleibt jedoch, ob zumindest der dem einzelnen Wertungsakt zugrunde liegende Wertmaßstab für die Rechtsbildung ursächlich ist, und zwar im Sinne des strengen Kausalitätsgesetzes. Das ist zu verneinen; denn dieser Wertmaßstab stellt eine Richtlinie dar, an die sich der wertende Gesetzgeber im Rahmen seines Ermessens hält, die ihn jedoch nicht zwingt, sie vollständig und ausschließlich zur Grundlage

---

[77] S. oben, § 8 Nr. 1; *Müller-Erzbach*, Erfassen des Rechts, S. 306.
[78] *Fechner*, Das kausale Rechtsdenken — eine Gefahr für die Rechtswissenschaft?, S. 357; s. hierzu *Larenz*, Methodenlehre der Rechtswissenschaft, S. 52.

II. 3. Gesichtspunkt der kausalen Gesetzmäßigkeit

seiner Entscheidung zu machen. Es liegt zwar ein starkes Abhängigkeitsverhältnis zwischen Rechtsbildung und Wertmaßstab vor, dieser ist jedoch keine Erscheinung, die gemäß der mechanischen Kausalität notwendig eine bestimmte gesetzgeberische Entscheidung zur Folge hat. Mit Recht führt Larenz[79] zu diesem Problem aus, daß der wertende Akt wohl an einem Wertmaßstab ausgerichtet sei, nicht aber durch diesen verursacht werde.

Selbst wenn man für den Bereich der Rechtsbildung die Auffassung vertritt, daß auch die Rechtsnormen nicht willkürlich außerhalb des Sozialgeschehens entstehen, sondern „in der unendlichen Mannigfaltigkeit der empirisch erklärbaren Prozesse schon enthalten sind"[80], ist das strenge Kausalitätsgesetz nicht anwendbar. Denn auch nach dieser Auffassung ist eine Wertung erforderlich, um die billigenswerten Vorgänge zu ermitteln und diese anschließend mit dem Anspruch auf Allgemeingültigkeit zur Norm zu erheben[81]. Dieser notwendige Wertungsvorgang schließt aber, wie wir bereits sahen, eine strenge Ursache-Wirkung-Beziehung aus, so daß auch insoweit höchstens von einer mittelbaren Kausalität gesprochen werden kann[82].

Mit der Hervorhebung des Wertungskriteriums und der sich daraus ergebenden Ablehnung des strengen Kausalgesetzes befindet sich Müller-Erzbach in Übereinstimmung mit einer großen Anzahl von Autoren. So weist z. B. Esser[83] im Rahmen einer kritischen Betrachtung der Interessenjurisprudenz Hecks darauf hin, daß die „Diagonale" sich gerade nicht aus einem physikalischen Kausalgesetz notwendig ergebe, sondern vom wertenden Urteil des Gesetzgebers und Richters gezogen werden müsse. Auch Reinhardt[84] betont, daß die „hinter der Verbindung von Interessen, Interessenkonflikt und Rechtsnorm etwa liegenden Ordnungsgesichtspunkte" nicht mit Hilfe des Kausalitätsbegriffs erfaßt werden könnten, da es hierbei um Wertungen gehe.

Nach Coing[85] gibt es nicht „Verursachungen bestimmter juristischer Normen durch soziologische Gegebenheiten im naturwissenschaftlichen

---

[79] *Larenz*, Methodenlehre der Rechtswissenschaft S. 52.
[80] *E. E. Hirsch*, Die Rechtswissenschaft und das neue Weltbild, a.a.O., S. 84.
[81] Vgl. *E. E. Hirsch*, Die Rechtswissenschaft und das neue Weltbild, a.a.O., S. 83: „Es ist also stets eine Wertung, eine Beurteilung notwendig, um aus der unendlichen Fülle der wissenschaftlich erklärbaren Vorgänge, Gegebenheiten, Tatsachen diejenigen auszuwählen, die auf einem bestimmten Gebiet billigenswert und wünschenswert sind."
[82] *E. E. Hirsch* spricht daher auch in neueren Schriften von einem Funktionszusammenhang, vgl. ders., Aufriß einer Vorlesung „Rechtssoziologie", a.a.O., S. 339 f.
[83] *Esser*, Einführung in die Grundbegriffe des Rechts und Staates, Wien 1949, S. 90.
[84] *R. Reinhardt*, Methoden der Rechtsfindung, S. 20.
[85] *Coing*, System, Geschichte und Interesse in der Privatrechtswissenschaft, S. 484.

§ 20 Fehlende Voraussetzungen bei der mittelbaren Kausalität   53

Sinn". Das Verhältnis sei nicht Ursache und Folge, sondern Problem und Lösung[86]. Ebenfalls weist Hubmann[87] darauf hin, daß der Mensch bei seinen Entscheidungen nicht durch „Kräfte nach dem Kausalitätsgesetz unwiderstehlich gezwungen" werde, sondern durch bestimmte Werte, die ihm mit einem Achtungsanspruch gegenübertreten.

§ 20 Die fehlenden theoretischen Voraussetzungen bei der mittelbaren Kausalität

Wenn auch die „mittelbare Kausalität" im Mittelpunkt der theoretischen Betrachtungen Müller-Erzbachs steht, so bleibt es fraglich, ob diese Betrachtungen ausreichen, um von einer rechtssoziologischen Theorie zu sprechen. Dies hängt unter anderem davon ab, ob die oben[88] aufgezeigte Voraussetzung der Aufstellung von wissenschaftlichen Gesetzmäßigkeiten vorliegt. Denn die Rechtssoziologie beschäftigt sich nur mit Vorgängen und Fakten, deren Wiederholung wahrscheinlich ist[89] und die somit einer Regelhaftigkeit unterstehen, die sie einer umfassenden Erkenntnis zugänglich macht.

Die Aufstellung einer wissenschaftlichen Gesetzmäßigkeit durch das kausale Rechtsdenken könnte in der Aussage gesehen werden, daß die Lebenselemente Interesse, Macht und Vertrauen auf die Rechtsbildung einwirken. Es erscheint aber fraglich, ob der Inhalt dieser Aussage einer wissenschaftlichen Gesetzmäßigkeit im Sinne von statistischen Wahrscheinlichkeiten entspricht; denn es ist noch nicht einmal das Verhältnis der einzelnen Lebensfaktoren zueinander einer Untersuchung unterzogen worden[90]. Die einzelnen von Müller-Erzbach aufgezeigten Fälle lassen den Schluß zu, daß einmal das Interesse allein, das andere Mal Interesse und Macht gemeinsam einen Rechtsbildungsvorgang bedingen. Eine klare Aussage über ihr Verhältnis zueinander erfolgt jedoch nicht. Eine so tiefgreifende Auseinandersetzung mit dem Kausalfaktor Bedürfnis, wie sie bei Durkheim[91] anzufinden ist, läßt sich bei Müller-Erzbach ebenfalls nicht finden.

---

[86] S. hierzu *Simitis*, Die faktischen Vertragsverhältnisse, S. 42 ff. (44), der sich Coing anschließt und sich in diesem Zusammenhang eingehend mit der Wechselwirkung zwischen Sein und Sollen befaßt.
[87] *Hubmann*, Grundsätze der Interessenabwägung, S. 92 f.
[88] § 15 Nr. 2.
[89] Vgl. hierzu *Fechner*, Rechtsphilosophie, S. 267.
[90] Vgl. hierzu die Kritik von *Fechner*, Das kausale Rechtsdenken — eine Gefahr für die Rechtswissenschaft?, S. 370; *Simitis*, Die faktischen Vertragsverhältnisse, S. 26; *Ballerstedt*, Buchbesprechung zu Müller-Erzbach, Recht der Mitgliedschaft, S. 143. Daß Müller-Erzbach dieses Verhältnis nicht untersucht hat, könnte in seiner Tendenz, sich allein an der Norm zu orientieren, begründet sein; denn bei einer derartigen Verfahrensweise wird dieses Problem nicht unbedingt aufgeworfen; vgl. oben § 18 Nr. 3.
[91] *E. Durkheim*, Die Regeln der soziologischen Methode, S. 177 ff.

II. 3. Gesichtspunkt der kausalen Gesetzmäßigkeit

Auch die für eine Theorie so wesentliche Frage, ob und inwieweit noch andere Lebenselemente in die Vorgänge der Rechtsbildung eingreifen[92], wird von Müller-Erzbach nicht beantwortet. Ebenfalls wird im Rahmen des kausalen Rechtsdenkens offengelassen, inwieweit im Bereich des Soziallebens Gesetzmäßigkeiten dadurch ermöglicht werden, daß der freie Wille der einzelnen Individuen Beschränkungen unterliegt. Ferner wird auf das von MacIver[93] ausführlich behandelte Problem der „time lags", worunter der Zeitraum zwischen Eintritt der Bedingung und der daraus resultierenden Folgen zu verstehen ist[94], nirgendwo eingegangen.

Schließlich ist die Aussage über das Verhältnis der Lebensfaktoren zum Recht nicht allein aus empirischen Forschungsergebnissen hergeleitet worden, sondern ergab sich unter anderem auch aus der Anwendung der Gesetze[95].

Wenn man ferner dieser Aussage die von Max Weber[96] aufgezeigten theoretischen Entwicklungsstufen des Rechts (charismatische Rechtsoffenbarung durch „Rechtspropheten", empirische Rechtsschöpfung und Rechtsfindung durch Rechtshonoratioren, Rechtsoktroyierung durch weltliches Imperium und theokratische Gewalten, systematische Rechtssetzung sowie fachmäßige Rechtspflege durch Rechtsgebildete[97]) gegenüberstellt, so wird es offenbar, daß *insoweit* das kausale Rechtsdenken nicht als theoretische Rechtssoziologie zu betrachten ist. Daß andererseits in dieser von Weber veranschaulichten Weise theoretische Rechtssoziologie betrieben wird, ist unter anderem den Arbeiten von Eugen Ehrlich[98] und Theodor Geiger[99] zu entnehmen.

Daraus ergibt sich, daß die theoretischen Ausführungen Müller-Erzbachs, soweit sie sich mit dem Verhältnis der Lebenselemente zum

---

[92] S. hierzu *Hubmann*, Grundsätze der Interessenabwägung, S. 92, der betont, daß die Elemente, die den Rechtsnormen zugrundeliegen, weit umfassender sind und sich nicht in den Elementen Interesse, Macht und Vertrauen erschöpfen; s. ferner *Dahrendorf*, Die Funktionen sozialer Konflikte, in: ders., Gesellschaft und Freiheit, München 1961, S. 125, wonach die Konflikte selbst ein wesentliches Lebenselement der Gesellschaft sind; ein Problem, das auch von Müller-Erzbach hätte erörtert werden müssen.
[93] *MacIver*, Social Causation, S. 43 f.
[94] Ders., a.a.O., S. 44: „The bridge between cause and effect has been destroyed."
[95] Vgl. oben, § 6.
[96] *Max Weber*, Rechtssoziologie, S. 277.
[97] S. auch zu der von Weber festgestellten Eigengesetzlichkeit des Rechtsdenkens *M. Rehbinder*, Max Webers Rechtssoziologie: Eine Bestandsaufnahme, Kölner Zeitschrift für Soziologie und Sozialpsychologie, Sonderheft 7 (1963), S. 470, 477.
[98] *Ehrlich*, Grundlegung der Soziologie des Rechts.
[99] *Th. Geiger*, Vorstudien zu einer Soziologie des Rechts, s. insb. S. 53 f., wo Geiger den Zusammenhang von sozialer Regelhaftigkeit, Regelmäßigkeit und Verbindlichkeit aufzeigt.

Recht unter dem Gesichtspunkt einer kausalen Gesetzmäßigkeit befassen, nicht den Anforderungen einer theoretischen Rechtssoziologie entsprechen.

Vierter Abschnitt

Das kausale Rechtsdenken und die theoretische Rechtssoziologie unter dem Gesichtspunkt der Funktionalität

§ 21 Der Funktionsbegriff als Kriterium rechtssoziologischer Theorie

Wenn zwischen den Elementen des menschlichen Zusammenlebens und der Rechtsordnung eine Wechselbeziehung besteht, die nicht dem Kausalitätsprinzip unterliegt, sondern von der lediglich gesagt werden kann, daß die Veränderung der Lebenselemente eine Änderung des Rechts notwendig zur Folge hat und umgekehrt, so wird dieses Abhängigkeitsverhältnis als Funktionszusammenhang im mathematischen Sinne verstanden[100].

Da in diesem Abschnitt untersucht werden soll, ob das kausale Rechtsdenken auf den Tatbestand funktionaler Zusammenhänge zwischen Sozialleben und Recht bezogen ist, ist es unumgänglich, Beiträge und Ansätze zur theoretischen Formulierung eines soziologischen Funktionskonzepts heranzuziehen, das die Beschreibung und Analyse sozialer Phänomene ermöglichen soll[101]. Entsprechend der lehrgeschichtlichen Genesis der strukturell-funktionalen Theorie[102], der „einzigen wissen-

---

[100] Vgl. *E. E. Hirsch*, Aufriß einer Vorlesung „Rechtssoziologie", a.a.O., S. 340. Zum mathematischen Funktionsbegriff vgl. ferner *Merton*, Manifest and Latent Functions, in: ders., Social Theory and Social Structure, Toronto 1954, S. 21, der auf den von Leibniz eingeführten mathematischen Funktionsbegriff hinweist.

[101] Vgl. *Parsons*, Systematische Theorie in der Soziologie, Gegenwärtiger Stand und Ausblick, in: ders., Beiträge zur soziologischen Theorie, Neuwied, Berlin 1963, S. 31. 32.

[102] Vgl. hierzu *Parsons*, Die jüngsten Entwicklungen in der strukturell-funktionalen Theorie, in: Kölner Zeitschrift für Soziologie und Sozialpsychologie 16 (1964), S. 30, der nicht von einer Theorie, sondern einem Stadium in der Entwicklung einer Theorie spricht: „Man sollte die strukturell-funktionale Theorie vielleicht nicht so sehr als eine theoretische Schule oder als eine Theorie im üblichen Sinne verstehen, sondern eher als Stadium in der Entwicklung einer umfassenden Theorie in den Sozialwissenschaften überhaupt. Dieses Stadium ist im wesentlichen dadurch gekennzeichnet, daß der Begriff des *Systems* in den Vordergrund tritt." (Hervorhebung von Parsons).

schaftlichen Form, die der modernen Soziologie angemessen ist"[103], soll dabei zunächst auf den grundlegenden Ansatz E. Durkheims eingegangen werden und anschließend daran auf die Weiterentwicklung des Funktionskonzepts und der damit verbundenen funktionalen Analyse durch T. Parsons und R. K. Merton. Dabei soll die von diesen geführte Diskussion mit dem kulturanthropologischen Funktionalismus — B. Malinowski und A. R. Radcliffe-Brown — zugrunde gelegt werden.

Sollte sich eine Übereinstimmung zwischen dieser theoretischen Orientierung in der Soziologie und dem kausalen Rechtsdenken ergeben, so ließe das den Schluß zu, daß diese Lehre Kriterien einer rechtssoziologisch relevanten Theorie enthält. Denn in der Rechtssoziologie wird das Recht unter soziologischen Aspekten mit den in den Gesellschaftswissenschaften üblichen Methoden untersucht[104].

§ 22 Durkheim und der Funktionsbegriff

Durkheim, der als Urheber der strukturell-funktionalen Theorie gilt[105], entwickelt den Funktions- und Strukturbegriff im Rahmen seiner Auseinandersetzung mit den zur damaligen Zeit vorherrschenden soziologischen Theorien.

Er macht den Soziologen seiner Zeit den Vorwurf, ein soziales Phänomen lediglich aus seinem Zweck bzw. seinen Vorteilen zu erklären. Es genüge jenen, klargestellt zu haben, wozu diese Phänomene nützlich seien und welche Rolle sie spielten, so daß man den Eindruck gewinnen könne, als beruhten sie nicht auf bestimmten Ursachen[106].

Durkheim weist darauf hin, daß diese Methode zwei Fragen nicht genügend auseinanderhält: „Den Nutzen eines Tatbestandes aufzuweisen, bedeutet nicht, seine Entstehung und sein Wesen zu erklären; denn die Verwendungsweisen, denen er dient, setzen spezifische Eigenschaften voraus, die ihn zwar charakterisieren, ihn aber nicht geschaffen haben[107]." Man könne die Dinge nicht aus dem Nutzen erklären, da ja dieser Nutzen überhaupt erst sichtbar werde, nachdem die zu erklärenden Phänomene bereits existierten. Außerdem gäbe es eine Vielzahl sozialer Erscheinungen, die ohne irgendwelchen Nutzen existierten, da

---

[103] *Maus*, Geschichte der Soziologie, in: Ziegenfuß (Hrsg.), Handbuch der Soziologie, Stuttgart 1956, S. 1, 88.

[104] Vgl. hierzu *Fechner*, Rechtsphilosophie, S. 266; *E. E. Hirsch*, Aufriß einer Vorlesung „Rechtssoziologie", a.a.O., S. 323.

[105] R. *König*, Soziologie, Fischer-Lexikon, Frankfurt, Hamburg (2. Aufl.), 1967, S. 317 f.

[106] *E. Durkheim*, Die Regeln der soziologischen Methode, S. 176.

[107] Ders., a.a.O., S. 176 f.

sie entweder nie irgendeinem Zweck gedient hätten oder infolge Funktionswandels keinem Zweck mehr dienten[108].

Um ein soziales Phänomen richtig zu verstehen und zu erklären, müssen daher nach Durkheim seine Ursachen und die von ihm zu erfüllenden Funktionen *getrennt* untersucht werden, so daß die reine Zweckfrage ausgeschaltet wird[109]. Die Untersuchung der Ursachen ist aber nur möglich, wenn zunächst einmal der strukturelle Rahmen festgestellt ist, innerhalb dessen sich das zu erklärende Phänomen entwickelt hat. Es muß festgestellt werden, ob eine Korrespondenz zwischen dem untersuchten Phänomen und den allgemeinen Bedürfnissen des sozialen Organismus besteht[110].

Als Beispiel für diese Methode führt Durkheim die soziale Reaktion an, die als Strafe bezeichnet wird. Diese soziale Reaktion sei auf die Intensität der Kollektivgefühle zurückzuführen, die durch das Verbrechen verletzt würden. Dies sei die strukturelle Bedingtheit der Strafe. Andererseits aber habe sie die nützliche Funktion, diese Gefühle auf ihrem hohen Intensitätsgrad zu erhalten; denn jene Gefühle würden bald einschlafen, wenn die Verbrechen nicht gesühnt würden[111]. Dies sei der funktionale Gesichtspunkt.

Hier haben wir es mit der „strukturell-funktionalen Analyse klassischen Stils"[112] zu tun: Untersuchung der das Phänomen bewirkenden Ursachen in einem zuerst festzustellenden strukturellen Rahmen, anschließend Feststellung der Funktionen dieses Phänomens in bezug auf das soziale System. Der Begriff der Funktion ist dabei aufzufassen als Beitrag zur Erhaltung der strukturellen Voraussetzungen, unter denen das Phänomen entstanden ist. Denn Durkheim verbindet diesen Begriff stets mit der „Erhaltung der vorher existierenden Ursache, von der die Erscheinungen abstammen" bzw. mit „dem Anteil, der der Ursache in der Herstellung einer allgemeinen Harmonie zukommt"[113].

§ 23 Der Funktionsbegriff in der strukturell-funktionalen Theorie Parsons'

Bei Parsons ist der Begrif der Funktion nur im Zusammenhang mit der von ihm vertretenen strukturell-funktionalen Theorie zu verste-

---

[108] *E. Durkheim*, a.a.O.
[109] Ders., a.a.O., S. 181.
[110] Ders., ebd.
[111] Ders., ebd.
[112] *R. König*, Einleitung zu *E. Durkheim*, Die Regeln der soziologischen Methode, S. 70.
[113] *E. Durkheim*, a.a.O., S. 182.

hen[114]. Es ist daher erforderlich, den theoretischen Rahmen zu umreißen, in dem das Funktionskonzept dargestellt wird.

1. Die Schaffung einer systematischen Theorie

In seiner Schrift „Systematische Theorie in der Soziologie, Gegenwärtiger Stand und Ausblick" stellt Parsons fest, daß der Stand der systematischen Theorie einer Wissenschaft der wichtigste Einzelindex für ihren Reifegrad sei[115]. Dieser Anspruch, dem sich unter anderen auch Dahrendorf angeschlossen hat[116], führt uns direkt in die Problematik, mit der sich Parsons beschäftigt: die Schaffung einer systematischen Theorie in der Soziologie, die theoretische Bestimmungen von möglichst großer Allgemeinheit und Komplexität enthält[117], ein logisch geschlossenes System also mit einem Bezugsrahmen und seinen Grundkategorien sowie den im System enthaltenen Variablen. Schließlich sollen innerhalb des Systems die Implikationen von Annahmen ihre ausdrückliche Bestätigung in anderen Annahmen finden[118].

Ein derartiges theoretisches System ist nach Parsons Grundvoraussetzung für eine exakte und vollständige Beschreibung und Erklärung bzw. Analyse des sozialen Handelns.

2. Das Bezugssystem „soziales Handeln"

Wie bereits erwähnt, ist für ein theoretisches System ein fest umrissener Bezugsrahmen erforderlich. Dieser „stellt den Rahmen jener allgemeinsten Kategorien dar, innerhalb deren die empirische wissenschaftliche Arbeit einen Sinn hat"[119]. Er setzt sich zusammen aus einigen

---

[114] Die Begriffe Funktion und strukturell-funktionale Theorie erscheinen bei Parsons zum ersten Mal in einigen seit 1945 veröffentlichten Aufsätzen, wie dem über die „Systematische Theorie in der Soziologie, Gegenwärtiger Stand und Ausblick", a.a.O., aus dem Jahre 1945, sowie in Parsons' und Shils' Ausführungen „The Social System", in: „Toward a General Theory of Action", Cambridge, Mass. 1951, S. 190 ff. und dem dritten Werk Parsons' „The Social System", unveränd. Nachdruck, New York 1964, ebenfalls aus dem Jahre 1951.
[115] *Parsons*, Systematische Theorie in der Soziologie, a.a.O., S. 31.
[116] *Dahrendorf*, Struktur und Funktion, in: ders., Gesellschaft und Freiheit, München 1961, S. 49, 55 f.
[117] S. dazu *Parsons* and *Shils*, Toward a General Theory of Action, S. 49; ferner *Parsons*, Die jüngsten Entwicklungen in der strukturell-funktionalen Theorie, a.a.O., S. 30 ff.
[118] *Parsons*, The Structure of Social Action, New York 1964, S. 10: „The implications of the considerations justify the statement that all empirically verifiable knowledge — even the commonsense knowledge of everyday life — involves implicitly, if not explicitly, systematic theory in this sense."
[119] Ders., Systematische Theorie in der Soziologie, a.a.O., S. 33, 52.

§ 23 Der Funktionsbegriff in der Theorie Parsons'

Grundkategorien, die — wie z. B. in der klassischen Mechanik Raum, Zeit, Masse, Stellung und Bewegung — als beschreibende Kategorien Ausgangspunkt einer jeden Analyse sozialer Prozesse sind. Soll also ein sich im mechanischen System abspielender Vorgang beschrieben werden, so muß sich „die Beschreibung auf einen oder mehrere Körper beziehen, die jeweils eine gegebene Masse haben, eine angebbare Stellung im Raum einnehmen, ihre Stellung in der Zeit durch Bewegung verändern können usw."[120]. Das bedeutet, daß erst dann eine genaue Beschreibung eines sozialen Phänomens vorliegt, wenn für eine bestimmte Anzahl von Grundkategorien die jeweiligen Werte ermittelt sind.

Das Bezugssystem, auf dem Parsons' Theorie basiert, ist das des „sozialen Handelns"[121], seine Grundkategorie ist die Handlungseinheit, die sowohl den einzelnen Akt als auch den Handelnden selbst umfaßt.

3. Die Voraussetzungen einer dynamischen Analyse

Da die Handlungseinheiten in das soziale System integriert sind, ist bei seiner Analyse das entsprechende kategoriale Bezugssystem „Handeln" heranzuziehen; ferner ist ein besonderes analytisches Schema erforderlich.

Dieses kategoriale System ist einer dynamischen Analyse sozialer Prozesse[122], dem eigentlichen Ziel wissenschaftlicher Forschung, nur insoweit förderlich, als es die Beschreibung der wesentlichen Tatsachen eines sozialen Phänomens erleichtert. Wegen der Vielfalt der Elemente ist dies jedoch mit erheblichen Schwierigkeiten verbunden.

Als wichtigste Voraussetzung für eine erfolgreiche dynamische Analyse sozialer Prozesse nennt Parsons die „ständige systematische Rückbeziehung jedes Problems auf den Zustand des Systems als Ganzem"[123]. Eine derartige Rückbeziehung setzt voraus, daß jede Tatsache von erheblicher Bedeutung in einem empirischen System als Wert

---

[120] *Parsons*, a.a.O., S. 33; s. hierzu *Dahrendorf*, Struktur und Funktion, a.a.O., S. 61.
[121] *Parsons*, The Structure of Social Action, S. 39.
[122] Nach *Parsons* (Systematische Theorie in der Soziologie, a.a.O., S. 35 f.) „ist es das wesentliche Kennzeichen der dynamischen Analyse im eigentlichen Sinne, daß sie eine Reihe *interdependenter* Erscheinungen simultan im Sinne der Mathematik behandelt". (Hervorhebung von Parsons). In diesem Zusammenhang führt Parsons aus, daß die ideale Voraussetzung der dynamischen Analyse ein „logisch geschlossenes System dynamischer Allgemeinaussagen" sei, in dem sich alle Elemente der reziproken Interdependenz zwischen Variablen des Systems ausdrücken ließen, ein Ideal, das bisher nur in den Differentialgleichungssystemen der analytischen Mechanik erreicht worden sei; ders., ebd.
[123] *Parsons*, a.a.O., S. 36.

einer der Variablen erscheint, die in die dynamische Analyse einbezogen sind. Es müßte also der Idealfall eines logisch geschlossenen Systems dynamischer Allgemeinaussagen gegeben sein, in dem die Variablen mit ihren jeweiligen Werten enthalten sind. Diese Voraussetzung ist jedoch nicht gegeben.

Dahrendorf weist mit Recht darauf hin, daß die wissenschaftliche Erklärung von Prozessen die Kenntnis der Gesetze verlange, nach denen diese Prozesse ablaufen, und daß die Aufstellung derartiger Gesetze wiederum die Kenntnis der wesentlichen Variablen erfordere, die in den zu analysierenden Prozessen enthalten seien. Dies setze eine exakte Bestimmung der Beziehungen zwischen diesen Variablen voraus, was den empirischen Soziologen vor fast unlösbare Probleme stelle. Dahrendorf spricht hier vom Problem „der Kontrolle experimentell nicht reproduzierbarer Variablen"[124].

4. Das Konstantsetzen von Variablen

Parsons versucht dieses Problem dadurch zu lösen, daß er einige als kategorial angenommene allgemeine Variable konstant setzt[125]. Das geschieht in der Absicht, eine methodische Vereinfachung zu erreichen: denn nur dadurch wird es möglich, Tatbestände mit ihrer Vielzahl aufeinanderwirkender Elemente, die derzeitig in ihrem gesamten Umfang nicht genau erklärbar sind, auf eine vereinfachte Form zu bringen, d. h. ihre Erscheinung mit all ihren Besonderheiten so zu vereinfachen, daß auf der Ebene des hier zu entwickelnden Systems ihre Beschreibung und zumindest teilweise Erklärung möglich wird.

Parsons weist darauf hin, daß ein analytisches System wie die Mechanik mit gewissen Elementen außerhalb des Systems derart verfahre und dies auch innerhalb eines Systems möglich sein müsse[126]. Dieses Verfahren führt dann zur Verwendung „struktureller Kategorien"; das bedeutet, daß Systeme mit stabilen Strukturen konstruiert werden[127], innerhalb derer sich die einzelnen zu analysierenden Prozesse abspielen. Dies hat zur Folge, daß der eigentlich bestehende soziale Prozeß zum Stillstand gebracht wird. „Die Kategorie der Struktur impliziert also einen Verlust an empirischer Fülle, sie ist eine Simplifikation[128]."

---

[124] *Dahrendorf*, Struktur und Funktion, a.a.O., S. 67.
[125] S. hierzu auch *MacIver*, Social Causation, S. 42, 66, der auf die Notwendigkeit hinweist, bei der Analyse sozialer Phänomene die ceteris-paribus-Klausel („other things being equal") anzuwenden.
[126] *Parsons*, Systematische Theorie in der Soziologie, a.a.O., S. 37.
[127] S. hierzu *Ziegenfuß*, Handbuch der Soziologie, Einleitung, XXXVII, über die Tendenz, die Funktionsordnung möglichst unabhängig von der Person zu stabilisieren.
[128] *Dahrendorf*, a.a.O., S. 68.

§ 23 Der Funktionsbegriff in der Theorie Parsons'

Rüschemeyer bezeichnet dieses so konstruierte Bild der Gesellschaft als das der utopischen Gesellschaftskonstruktionen. Durch die Schaffung struktureller Kategorien als Konstante bekomme man ein Sozialsystem, das keinen strukturellen Wandel kenne[129].

Parsons räumt zwar ein, daß durch eine derartige Vereinfachung der Verlust sehr groß sei, dieser werde jedoch dadurch wieder ausgeglichen, daß alle Probleme systematisch auf das Gesamtsystem bezogen würden[130]. Es wird allerdings betont, daß die Struktur lediglich eine relative Stabilität aufweist.

5. Die Verbindung von Konstanten mit Variablen durch den Funktionsbegriff

Wenn einige Variable konstant gesetzt werden und somit eine stabile Struktur prätendiert wird — Parsons weist selbst darauf hin, daß derartige stabile Strukturen empirisch nicht feststellbar sind —, so müssen im Rahmen der Analyse jene statischen Strukturkategorien bzw. die sich aus ihnen ergebenden Tatsachenfeststellungen mit den übrigen dynamisch variablen Elementen des jeweiligen sozialen Systems in Beziehung gebracht werden. Diese Verbindung wird durch den „zentralen Begriff der *Funktion*" geschaffen. „Seine entscheidende Rolle besteht darin, Kriterien für die Wichtigkeit der verschiedenen dynamischen Faktoren und Prozesse innerhalb des Systems zu setzen. Wichtig sind diese Prozesse insofern, als sie für das System von funktionaler Bedeutung sind, und ihre Wichtigkeit im einzelnen ergibt sich aus der Analyse der jeweiligen funktionalen Beziehungen zwischen den Teilen des Systems, sowie dem System und seiner Umgebung[131]."

Die funktionale Bedeutung wird in diesem Zusammenhang teleologisch aufgefaßt: „Ein Prozeß oder eine Reihe von Bedingungen können entweder zur Erhaltung (oder Entwicklung) des Systems ‚beitragen', oder aber sie sind ‚disfunktional', d. h. sie beeinträchtigen die Integration, die Wirksamkeit usw. des Systems[132]. Die funktionale Beziehung

---

[129] *Rüschemeyer*, Einleitung zu *Parsons*, Beiträge zur soziologischen Theorie, S. 12.
[130] *Parsons*, a.a.O., S. 37.
[131] *Parsons*, a.a.O., S. 38.
[132] S. hierzu *Maus*, Geschichte der Soziologie, S. 74, wonach Funktion das Gute ist, an dem nicht gerührt werden darf; s. auch *Carlsson*, Betrachtungen zum Funktionalismus, in: Topitsch (Hrsg.), Logik der Sozialwissenschaften, S. 236 über die funktionalistische Interpretation der Religion: „Religiöse Überzeugungen und Praktiken sind funktional, soweit sie die Solidarität der Gesellschaft oder der Gruppen stärken oder die Individuen besser für das Zusammenleben mit den Mitmenschen und den Kampf gegen die Natur ausrüsten."

jeder einzelnen Bedingung und jeden Prozesses auf den Zustand des Gesamtsystems stellt also das logische Äquivalent für die Simultangleichungen in einem voll entwickelten System der analytischen Theorie dar[133]."

Er betont, daß dies in Anbetracht der derzeitigen Forschungsergebnisse das einzig mögliche Verfahren sei, mit dessen Hilfe sich die dynamische Interdependenz variabler Faktoren in einem System analysieren lasse.

Parsons bezeichnet dieses allgemeine theoretische System als „strukturell-funktionales System"[134].

Es handelt sich also hierbei um folgendes Problem: die sozialen Prozesse mit ihren mannigfaltigen variablen und in Interdependenz stehenden Elementen lassen sich wegen fehlender Techniken und fehlenden empirischen Materials nicht hinreichend analysieren, insbesondere lassen sich nicht sämtliche Variable in eine Analyse einbeziehen. Aus diesem Grund werden einige Variable konstant gesetzt. Damit wird im theoretischen Bereich eine relativ stabile Struktur von sozialen Systemen angenommen. Um nun die Probleme der dynamischen Analyse zu lösen, wird von dieser Annahme stabiler Strukturen ausgegangen, anschließend die Funktion der einzelnen sozialen Erscheinungen oder Prozesse des Systems untersucht, d. h. ihr Beitrag zur Erhaltung des Systems oder ihre desintegrierende Wirkung festgestellt. Dadurch wird es möglich, die Stabilität oder Instabilität des jeweiligen Systems festzustellen.

6. Der Handelnde in seiner Rolle

Die Grundeinheit eines Systems sozialer Beziehungen ist bei Parsons der Handelnde. Dieser Handelnde, so führt Parsons aus, beteilige sich jedoch nicht mit seiner individuellen „Ganzheit" am sozialen Geschehen, vielmehr sei er nur mit einem bestimmten, differenzierten „Sektor" seines gesamten Handelns beteiligt. Dieser Sektor wird als „Rolle" bezeichnet. Die Handelnden treten somit als Rollenträger auf[135]; die begriffliche Einheit des sozialen Systems ist demnach die Rolle[136]. In diesem Zusammenhang spricht Parsons dann auch von einer „Status-Rolle" als einer Einheit von höherer Ordnung[137], wobei die Begriffe

---

[133] *Parsons*, a.a.O., S. 38.
[134] Ders., a.a.O., S. 39.
[135] Ders., a.a.O., S. 55.
[136] Ders. and *Shils*, Toward a General Theory of Action, S. 190.
[137] *Parsons*, The Social System, S. 25: „... for most purposes of the more macroscopic analysis of social systems, however, it is convenient to make use of a higher order unit than the act, namely the status-role as it will here be called."

§ 24 Der Funktionsbegriff bei Merton

"Status" und "Rolle" dem Begriffspaar "Struktur" und "Funktion" entsprechen.

Da an jeden Status bestimmte Verhaltensweisen geknüpft sind, d. h. von dem Individuum in seinem jeweiligen Status ein bestimmtes Verhalten erwartet wird („Rollen-Erwartungen"), handelt es sich bei der Sozialstruktur um ein System von Erwartungsnormen, die das erwartete angemessene Verhalten der Individuen, die bestimmte Rollen spielen, definieren[138].

§ 24 Der Funktionsbegriff bei Merton

In seiner Arbeit „Manifest and Latent Functions" geht Merton zunächst von der Feststellung aus, daß der Begriff der Funktion nicht immer in ein und demselben Sinne verwandt wird[139], und wendet sich dann der kritischen Auseinandersetzung mit dem von den Kulturanthropologen entwickelten Funktionalismus zu[140]. Er kritisiert die drei von ihm analysierten Postulate der „funktionalen Einheitlichkeit der Gesellschaft", des „universalen Funktionalismus" und der „Unentbehrlichkeit"[141] und formuliert auf Grund der daraus resultierenden Über-

---

[138] *Parsons*, Systematische Theorie in der Soziologie, a.a.O., S. 56; *Dahrendorf*, Struktur und Funktion, a.a.O., S. 71.

[139] *Merton* (a.a.O., S. 20 f.) führt in diesem Zusammenhang fünf verschiedene Definitionsbegriffe an: Funktion im Sinne öffentlicher Versammlungen oder festlicher Anlässe, und zwar meist solcher mit zeremoniellem Beiwerk, Funktion als Synonym von „Beruf", ferner als die dem Inhaber einer sozialen Position, insbesondere dem Inhaber eines Amtes oder einer politischen Stellung, zugewiesenen Tätigkeiten sowie Funktion im mathematischen Sinne und in der Bedeutung von „Interdependenz", „reziproker Beziehung" oder „wechselseitig abhängiger Variation". Vgl. hierzu *Maus*, Geschichte der Soziologie, S. 74; *Eichler*, Recht, in: Ziegenfuß (Hrsg.), Handbuch der Soziologie, S. 913, 921 ff., der Funktion ausschließlich im Sinne einer Aufgabe versteht; ferner *C. Weiß*, Erziehung, in: Ziegenfuß (Hrsg.), Handbuch der Soziologie, S. 875, 903 f., der offenbar den Funktionsbegriff mit einer Grund-Folge-Beziehung verbinden will.

[140] *Merton*, a.a.O., S. 22 ff.; s. hierzu auch *Malinowski*, Anthropology, Encyclopaedia Britannica, 1st Suppl. Vol., London, New York 1926, S. 132 f., der als Hauptanliegen der strukturell-funktionalen Analyse die Untersuchung der anthropologischen Tatsachen in ihrem Verhältnis zum Gesamtsystem der Kultur sieht; ferner *Keiter*, Grundformen gesellschaftlichkultureller Lebensvorgänge, in: Ziegenfuß (Hrsg.), Handbuch der Soziologie, S. 716, 759, der auch in seinen Ausführungen über die Hierarchie von einer Funktionsordnung der organismischen Zusammenfassung der Teile zum Ganzen ausgeht; *Radcliffe-Brown*, On the Concept of Function in Social Science, American Anthropologist, 1935, 37, S. 395.

[141] *Merton*, a.a.O., S. 25 ff., S. 25: „Substantially, these postulates hold first, that standardized social activities or cultural items are functional for the *entire* social or cultural system; second, that *all* such social and cultural items fulfill sociological functions; and third, that these items are consequently *indispensable*." (Hervorhebungen von Merton).

legungen im Rahmen eines Paradigmas[142] sein Funktionskonzept: „*Funktionen* sind die beobachteten Folgen, die zur Annahme oder Angleichung an ein gegebenes System führen; und *Dysfunktionen* sind solche beobachteten Folgen, die die Angleichung des Systems vermindern. Es gibt auch die empirische Möglichkeit von *nicht funktionalen* Folgen, die für das System einfach nicht relevant sind[143]."

Der Begriff des sozialen Ganzen, innerhalb dessen die einzelnen Prozesse ablaufen, ist bei Merton keine funktionale Einheit im Sinne eines Organismus[144]. Jedes Element der Kultur oder der Sozialstruktur *könne* Funktionen haben, es sei jedoch voreilig anzunehmen, daß diese Elemente funktional sein *müßten*[145].

In diesem Zusammenhang macht er die Unterscheidung zwischen manifesten und latenten Funktionen. Von einem gewissen Punkt an arbeitet die funktionale Analyse immer, explizit oder implizit, mit irgendeiner Vorstellung von Motivation auf seiten der Individuen in einem sozialen System. Dabei wird der Motivationsbegriff häufig mit den verwandten, aber andersartigen Begriffen für objektive Folgen von Glaubensweisen und Verhalten verwechselt. Diese Verwechslungsgefahr veranlaßt Merton zur Einführung einer begrifflichen Unterscheidung zwischen den Fällen, in denen das subjektiv angestrebte Ziel mit den objektiven Folgen zusammenfällt, und den Fällen, in denen die beiden divergieren:

„*Manifeste Funktionen* sind diejenigen objektiven Folgen, die zur Anpassung des Systems beitragen und von den Beteiligten im System sowohl beabsichtigt als auch wahrgenommen werden."

„*Latente Funktionen* sind dementsprechend solche, die weder beabsichtigt sind noch wahrgenommen werden[146]."

Auf der Grundlage dieser Unterscheidung entwickelt Merton dann einen Ansatz zur Analyse des sozialen Wandels.

---

[142] *Merton*, a.a.O., S. 50 ff.
[143] Ders., a.a.O., S. 51. (Hervorhebungen von Merton).
[144] Ders., a.a.O., S. 25 ff.
[145] Ders., a.a.O., S. 27, 31. Aus dieser Überlegung setzte Merton der Theorie Parsons' seine „theories of the middle range" entgegen. Darin wird das Hauptgewicht auf die Weiterentwicklung des für die Theorie so wichtigen Bezugsrahmens gelegt, jedoch nicht mit dem Anspruch auf Vollständigkeit für eine Gesamtheit sozialer Systeme, sondern lediglich hinsichtlich bestimmter Teilgebiete der sozialen Realität, da es an entsprechenden Forschungsergebnissen für einen vollständigen Bezugsrahmen noch fehle und die Soziologie nicht genügend Gelegenheit für Experimente habe.
[146] *Merton*, a.a.O., S. 51.

§ 25 Definition eines allgemeinen Funktionsbegriffs für die Untersuchung des kausalen Rechtsdenkens und die zugrundezulegenden Konstanten

1. Die Heuristik des allgemeinen Funktionsbegriffs

Wenn nun versucht wird, unter Zugrundelegung der obigen Ausführungen über die Funktionskonzepte in der Soziologie einen allgemeinen Funktionsbegriff zu formulieren, auf den sich die anschließende Untersuchung des kausalen Rechtsdenkens beziehen soll, so sind heuristisch zwei grundsätzliche Bedeutungselemente festzustellen.

Von einer Funktion ist einmal dann zu sprechen, wenn ein Zusammenhang zwischen zwei sozialen Prozessen oder den sie bedingenden Elementen derart festzustellen ist, daß die Veränderung des einen Prozesses oder einiger seiner Elemente notwendig die Veränderung eines anderen Prozesses oder der sozialen Struktur, in deren Rahmen der Prozeß abläuft, zur Folge hat[147]. Dieser Funktionsbegriff sagt also nichts weiter aus, als daß zwischen variablen Elementen bzw. Prozessen Abhängigkeiten bestehen, die als solche bekannt sind, für die man jedoch vom Begriff her keine exakten Aussagen ableiten kann.

Bezeichnet man das lebende Recht als eine Funktion des Soziallebens, so bedeutet dies, daß Veränderungen im Sozialleben eine Änderung des Rechts notwendig zur Folge haben. Umgekehrt verhält es sich, wenn man von der Funktionalität des Rechts für das Sozialleben ausgeht.

Dieser Funktionsbegriff gibt uns aber nicht genügend Anhaltspunkte, um die Wichtigkeit der einzelnen Lebensfaktoren zu ermitteln. Die Soziologen, die mit dem Begriff der Funktion arbeiten, definieren ihn daher übereinstimmend als den Beitrag eines Elementes zur Erhaltung des wie auch immer vorzustellenden sozialen Bezugssystems. Insoweit stehen die Begriffe „Funktion" und „Funktionieren" in einem engen Zusammenhang. Nur das Phänomen ist funktional, das zum Funktionieren eines Systems beiträgt[148].

Die beiden dargestellten Bedeutungen explizieren erst zusammengenommen den allgemeinen Funktionsbegriff, den wir der weiteren Untersuchung zugrunde legen wollen.

---

[147] Funktionsbegriff im mathematischen Sinne, der durch die Gleichung $y = f(x)$ ausgedrückt wird; vgl. hierzu *v. Mangoldt-Knopp*, Einführung in die höhere Mathematik, Erster Band, 12. Aufl., Stuttgart 1962, S. 337; *E. E. Hirsch*, Aufriß einer Vorlesung „Rechtssoziologie", a.a.O., S. 340; *Martindale*, The Nature and Types of Sociological Theory, London 1964, S. 444.

[148] Vgl. *Parsons*, Systematische Theorie in der Soziologie, a.a.O., S. 38; *Merton*, a.a.O., S. 51; *Luhmann*, Funktion und Kausalität, in: Kölner Zeitschrift für Soziologie und Sozialpsychologie, 14 (1962), S. 617, 618 und die dort aufgeführten Belege.

II. 4. Gesichtspunkt der Funktionalität

Sprechen wir nämlich von der Funktionalität eines Phänomens, so wird immer ein funktionaler Zusammenhang im mathematischen Sinne vorausgesetzt: denn wird das Sozialleben von dem Phänomen positiv beeinflußt, so ist es von diesem abhängig. Umgekehrt besteht eine Abhängigkeit des Phänomens vom Sozialleben, da es von diesem neue Impulse erfährt, anerkannt und unter Umständen auch unterstützt wird.

Haben wir es mit einer Dysfunktion zu tun, so liegt ebenfalls eine solche Abhängigkeit vor. Ob ein integriertes Sozialsystem Bestand hat, hängt davon ab, ob auf dieses ein dysfunktionales Phänomen einwirkt. Ist dies der Fall, so ist sein Bestand gefährdet. Sollte sich dieses Phänomen ändern, so wird sich notwendigerweise auch das Sozialsystem entsprechend ändern: seine Integration wird im Falle einer neuerlichen Funktion dieses Phänomens wachsen, im Falle einer ansteigenden Dysfunktion wird das System in seinem Bestand noch mehr gefährdet sein.

Dieser Zusammenhang der beiden Bedeutungselemente des Funktionsbegriffs wird durch die von Merton angeführte Nichtfunktion bestätigt. Ist nämlich ein soziales Phänomen für ein System weder funktional noch dysfunktional, also völlig irrelevant, so steht es auch nicht in irgendeinem Zusammenhang mit diesem System und folglich liegt auch kein Abhängigkeitsverhältnis vor.

Ein von Dahrendorf aufgegriffenes Beispiel Mertons[149] soll dies veranschaulichen. Darin wird die Sozialisierung des Menschen als Funktion des Erziehungssystems bezeichnet. Daraus folgt nicht nur, daß das Erziehungssystem als ein Beitrag zur Erhaltung eines integrierten sozialen Systems aufzufassen ist, sondern auch, daß ein Abhängigkeitsverhältnis zwischen der Sozialisierung des Menschen und dem Erziehungssystem besteht. Wird nämlich das Erziehungssystem intensiviert, so schreitet auch die Sozialisierung voran, wird es hingegen vernachlässigt, so wird die Sozialisierung gehemmt.

Der soziologische Funktionsbegriff sollte demnach nicht von dem mathematischen isoliert angewandt werden, da einer Funktionalität oder Dysfunktionalität stets ein Abhängigkeitsverhältnis zugrunde liegt[150]. Bei der Betrachtung des kausalen Rechtsdenkens ist der Funktionsbegriff daher entsprechend der hier vorgenommenen Definition aufzufassen: Eine Funktion liegt vor, wenn ein Phänomen zum Sozialleben in einem Abhängigkeitsverhältnis steht und zu dessen Funktionieren beiträgt.

---

[149] *Dahrendorf*, Die Funktionen sozialer Konflikte, a.a.O., S. 114.
[150] In diesem Sinne scheint auch *Parsons* vorzugehen; vgl. ders., Systematische Theorie in der Soziologie, a.a.O., S. 35 f.; vgl. hierzu auch *Carlsson*, Betrachtungen zum Funktionalismus, a.a.O., S. 257.

2. Die Bestimmung der Konstanten und Variablen in Anlehnung an die strukturell-funktionale Theorie

Der Funktionsbegriff ist der grundlegende theoretische Bestandteil der strukturell-funktionalen Theorie. In ihrer analytischen Handhabung arbeitet diese Theorie mit der Hilfskonstruktion statischer Strukturkategorien[151]. Da das kausale Rechtsdenken daraufhin untersucht werden soll, ob dieses analytische Vorgehen ihm inhärent ist, sind Konstante und Variable entsprechend den rechtssoziologischen Vorstellungen zu bestimmen.

Als unabhängig *gedachte* Größen, d. h. als konstante Faktoren des Soziallebens sollen dementsprechend regulative Orientierungen menschlichen Verhaltens angenommen werden wie Rechtsgehorsam, Rechtsempfinden und das Streben nach politischer Macht, sowie das Gewissen, Begehrensvorstellungen und das Streben nach materiellen Gütern[152]. Als Variable soll das Milieu angenommen werden, und zwar in den Dimensionen der politischen Struktur sowie der wirtschaftlichen und kulturellen Gegebenheiten im weitesten Sinne[153].

§ 26 Die Anwendung des Funktionsbegriffs und der strukturell-funktionalen Theorie auf das kausale Rechtsdenken

In der nun folgenden Untersuchung soll aus Gründen der Übersicht gesondert ermittelt werden, inwieweit der mathematische Funktionsbegriff und das soziologische Funktionskonzept sowie die damit verbundene strukturell-funktionale Analyse in dem kausalen Rechtsdenken enthalten sind.

Es gibt keine einzige Arbeit, in der sich Müller-Erzbach ausdrücklich mit der soziologischen strukturell-funktionalen Theorie beschäftigt. Dies ist einmal dadurch bedingt, daß überhaupt erst mit dem Erscheinen von Parsons' Arbeit „Systematische Theorie in der Soziologie, Gegenwärtiger Stand und Ausblick" im Jahre 1945 die „Geburtsstunde der strukturell-funktionalen Bewegung" schlug[154]. Seitdem ist diese Theorie

---

[151] Wie es insbesondere bei Parsons ausgeführt ist, formuliert die strukturell-funktionale Theorie den Bezugsrahmen. Ausgehend davon entwickelt die strukturell-funktionale Analyse eine Methodologie, um in Hinsicht auf den Bezugsrahmen zu empirisch gehaltvollen Aussagen zu kommen. Vgl. hierzu *Hartmann*, Moderne amerikanische Soziologie, Stuttgart 1967, S. 4 ff.

[152] Vgl. *E. E. Hirsch*, Aufriß einer Vorlesung „Rechtssoziologie", a.a.O., S. 341 ff., der diese beiden Kategorien in rechtliche und außerrechtliche Konstante unterteilt.

[153] Ders., ebd.

[154] *Hartmann*, a.a.O., S. 3 f.

Gegenstand zahlreicher Diskussionen und hat etwa seit 1948 einen festen Platz in den Sozialwissenschaften errungen, zunächst im angelsächsischen Bereich und seit Mitte der fünfziger Jahre auch in Deutschland. Auf diese späte deutsche Rezeption ist es möglicherweise zurückzuführen, daß auch die letzten Arbeiten Müller-Erzbachs keinen ausdrücklichen Bezug auf jene theoretische Richtung enthalten. Anders ist seine Feststellung nicht zu erklären, daß die Soziologie kein Verfahren ausgebildet habe, welches dazu befähige, „den Rechtsbildungsvorgang planmäßig zu durchdringen" sowie „das Zusammenleben der Menschen in seinen maßgebenden Elementen zu erfassen"[155].

Es kann daher nur geprüft werden, ob die kausale Rechtslehre zumindest implizit die wesentlichen Elemente der strukturell-funktionalen Theorie enthält. Die Problematik der Motivationen hinsichtlich der handelnden Individuen, soweit es um psychologische Kategorien des sozialen Systems geht[156], muß dabei unberücksichtigt bleiben, da hierfür keine Anhaltspunkte in der kausalen Rechtslehre zu finden sind.

1. Der mathematische Funktionsbegriff im kausalen Rechtsdenken

Müller-Erzbach geht davon aus, daß die einzelnen Elemente des menschlichen Zusammenlebens die Rechtsbildung zwar beeinflussen, im übrigen aber die wertende Tätigkeit des Gesetzgebers entscheidend ist. Damit gibt er zu erkennen, daß zwischen den Lebenselementen und dem Recht ein funktionaler Zusammenhang im mathematischen Sinne besteht. Dies wird durch seine Feststellung über die Interdependenz zwischen Sozialleben und Recht bestätigt[157]. Wenn nämlich z. B. die Regelung des Art. 16 WG auf die Machtlage des jeweiligen Wechselerwerbers zurückzuführen ist, so sind es Elemente des Soziallebens, von denen das Recht abhängig ist. Denn auf diese muß das Recht abstellen, wenn es im Sozialleben bestehen und Anerkennung finden will. Wenn das Recht andererseits, wie Müller-Erzbach zutreffend ausführt[158], das Verantwortungsbewußtsein der Geschäftsführer von Kapitalgesellschaften durch eine umfassende Haftung hebt, so gestaltet in einem derartigen Fall das Recht die Macht bestimmter Individuen. Somit besteht auch eine Abhängigkeit des Soziallebens vom Recht. Wie die einzelnen Auswirkungen im Falle der Veränderung eines Elements des sozialen

---

[155] *Müller-Erzbach*, Erfassen des Rechts, S. 315; Die Rechtswissenschaft im Umbau, S. 2.
[156] *Parsons*, Systematische Theorie in der Soziologie, a.a.O., S. 61.
[157] *Müller-Erzbach*, Erfassen des Rechts, S. 312.
[158] Ders., ebd.

§ 26 Die Anwendung des Funktionsbegriffs 69

Systems in bezug auf das Recht sein werden, läßt sich allein aus der Tatsache der Abhängigkeit nicht entnehmen.

Dies soll aber auch nicht die Aufgabe des mathematischen Funktionsbegriffs sein, da er allein für ein Abhängigkeitsverhältnis als solches gesetzt wird.

Wenn Müller-Erzbach ständig Fälle anführt, in denen Rechtsnormen auf den Einfluß bestimmter Lebenselemente zurückgeführt werden können, so geht er von einem Abhängigkeitsverhältnis aus. Indem er weiter Beispiele dafür anführt, daß sich die vom Gesetzgeber zugrunde gelegte Herrschafts- oder Interessenlage geändert und somit auch das Recht notwendigerweise eine entsprechende Änderung erfahren hat, macht er deutlich, daß das jeweilige Element für die Rechtsgestaltung in dem Sinne bestimmend ist, daß seine Änderung auch eine Änderung des Rechts zur Folge hat[159].

Somit verwendet Müller-Erzbach für seine Lehre den mathematischen Funktionsbegriff.

2. Der soziologische Funktionsbegriff und die strukturell-funktionale Theorie im kausalen Rechtsdenken

Die strukturell-funktionale Theorie dient der Erklärung sozialer Prozesse. Das kausale Rechtsdenken dient der Erklärung des Rechts, indem auf das diesem zugrunde liegende Sozialleben zurückgegriffen wird. Während somit bei Müller-Erzbach das Verhältnis zwischen Sozialleben und Recht Gegenstand der Betrachtung ist, geht es bei der strukturell-funktionalen Theorie um Prozesse innerhalb des sozialen Systems. Dieser hier aufgezeigte Unterschied ist jedoch nur scheinbarer Natur, so daß daraus nicht etwa der Schluß gezogen werden kann, die kausale Rechtslehre könne Elemente der strukturell-funktionalen Theorie überhaupt nicht enthalten.

Daß es sich nicht um einen echten Gegensatz handelt, folgt zunächst daraus, daß die Normen als Produkte des Soziallebens aufzufassen sind. Sie gehören als Ergebnisse der Handlungen einzelner Gruppen im Rahmen eines gesellschaftlichen Integrats zum Sozialleben und können von diesem daher nicht derart getrennt werden, daß die Betrachtung des Verhältnisses zwischen Sozialleben und Recht etwas völlig anderes darstellt als die Betrachtung von Prozessen innerhalb eines sozialen Systems[160]. Folgende Überlegung kommt hinzu: Wie wir bereits sahen,

---
[159] Wie wir bereits oben in § 18 festgestellt haben, handelt es sich dabei zu einem erheblichen Teil um die Änderung des lebenden Rechts.
[160] Vgl. *E. E. Hirsch*, Was kümmert uns die Rechtssoziologie?, a.a.O., S. 50,

geht es Müller-Erzbach um die Analyse der Beziehungen zwischen Recht und Sozialleben. Beschäftigt man sich mit diesem Zusammenhang, so muß man notgedrungen auf den Vorgang der Rechtsbildung abstellen, der selbst wiederum in einer unlösbaren Verbindung mit dem Rechtsleben steht. Gegenstand dieser Betrachtung sind somit auch Prozesse des Soziallebens, für deren Untersuchung die strukturell-funktionale Theorie entwickelt wurde[161]. Folglich ist für die Erforschung des Verhältnisses zwischen Recht und Sozialleben die strukturell-funktionale Theorie grundsätzlich anwendbar.

*a) Die Variablen und Konstanten
in der kausalen Rechtslehre*

Müller-Erzbach betrachtet drei Elemente des menschlichen Zusammenlebens als rechtsrelevant. Wenn er auch das Bedürfnis als die Kraft darstellt, die diesem Zusammenleben den stärksten Antrieb gibt, so steht er damit nicht im Widerspruch zu Durkheim, der argumentiert, daß das Bedürfnis nach bestimmten Dingen noch nicht bewirken könne, daß diese Dinge entsprechend diesem Bedürfnis entstehen. Vielmehr seien es Ursachen anderer Art, auf die sie zurückzuführen seien[162]. Das Bedürfnis stellt zwar bei Müller-Erzbach einen wesentlichen Lebensfaktor dar, es hat jedoch nicht die zentrale Bedeutung im Sozialleben, daß allein mit seiner Hilfe sämtliche sozialen Prozesse und damit auch die Vorgänge der Rechtsbildung erklärt werden können. Deshalb stellt er außerdem auf die Elemente „Macht" und „Vertrauen" ab, um die Entstehung einer Rechtsregel umfassend zu erforschen.

Obgleich Müller-Erzbach häufig der Kritik ausgesetzt war, daß die von ihm aufgezeigten Elemente der Rechtsbildung bei weitem nicht vollzählig seien, sondern es weit mehr Elemente des menschlichen Zusammenlebens gäbe, die für die Rechtsbildung richtungweisend seien[163], hat er nie an eine Revision dieser Aufzählung gedacht. Vielmehr wurde von ihm wiederholt betont, daß diese drei Elemente von ausschlagge-

---

der von einer Einbettung des Rechts in das gesamte Sozialleben spricht; vgl. auch *Ehrlich*, Grundlegung der Soziologie des Rechts, S. 19; gegen diese Ansicht zum Teil *Trappe*, Einleitung zu *Th. Geiger*, Vorstudien zu einer Soziologie des Rechts, S. 30 f.

[161] Es ist daher folgerichtig, wenn Müller-Erzbach ein Erforschen der Elemente des menschlichen Zusammenlebens verlangt, um das Recht verstandesmäßig zu erfassen; vgl. Die Rechtswissenschaft im Umbau, S. 67 ff.

[162] *E. Durkheim*, Regeln der soziologischen Methode, S. 177: „Um eine Regierung mit der nötigen Autorität auszustatten, reicht das Bewußtsein des Bedürfnisses nicht aus; man muß sich den einzigen Quellen zuwenden, denen diese Autorität entspringt..."

[163] Vgl. oben, § 20 Fußnote 89.

§ 26 Die Anwendung des Funktionsbegriffs

bender Bedeutung seien. Andererseits ist in seinen Schriften nirgendwo eine Äußerung zu finden, wonach dies die *einzigen* Elemente seien[164].

Es stellt sich daher die Frage, ob das alleinige Abstellen auf diese drei Elemente aus der gleichen Erwägung geschah wie bei der strukturellfunktionalen Analyse das Konstantsetzen einiger Variablen. In diesem Falle wiesen nämlich das kausale Rechtsdenken und die strukturellfunktionale Analyse in ihren Verfahrensweisen Gemeinsamkeiten auf.

Die Elemente Interesse, Macht und Vertrauen scheinen den oben[165] angeführten Variablen, von denen wir hier ausgehen wollen, nicht zu entsprechen, sondern eher den Konstanten als den regulativen Orientierungen menschlichen Verhaltens. Dies scheint besonders für das Interesse zu gelten, das bei Müller-Erzbach mit dem Bedürfnis des Menschen zu identifizieren ist[166] und folglich mit den Begehrensvorstellungen in engem Zusammenhang steht. Denn diese Begehrensvorstellungen und die daraus resultierenden Interessenkämpfe zwischen verschiedenen Gruppen sowie innerhalb der einzelnen Gruppen stellen Konstante dar, d. h. sie gelten als unabhängig gedachte Lebensfaktoren. Müller-Erzbach versteht jedoch das Bedürfnis als eine rechtsbildende Kraft, die nur unter anderem von den regulativen Orientierungen menschlichen Verhaltens abhängt. Daraus folgt, daß das Bedürfnis bzw. das Interesse keine Konstante darstellt. Dies ergibt sich auch aus der Erwägung, daß die Geltendmachung eines Interesses erfahrungsgemäß Interessengruppierungen zur Folge haben kann, die stets verschiedenartig auftreten und deshalb definitionsgemäß Variable sind.

Das Lebenselement Macht ist ebenfalls nicht als eine Konstante aufzufassen. Umfaßt es doch auch politische und wirtschaftliche Kräfte, die als Variable gelten[167]. Auch unter dem Beherrschungs- und sonstigen Leistungsvermögen versteht Müller-Erzbach lediglich die dem einzelnen Individuum gegebenen durchschnittlichen Möglichkeiten, einen Vorgang zu beherrschen, eine Situation hinreichend zu erkennen und bestimmte Pflichten zu erfüllen[168]. Es handelt sich also um Kriterien, die nicht in der Person der Individuen ihren Ursprung haben und mit diesen unlösbar verbunden sind, sondern die sich aus dem jeweiligen Gepräge und Ablauf eines gesellschaftlichen Integrats ergeben.

---

[164] In seiner Schrift „Lassen sich das Recht und das Rechtsleben tiefer und sicherer erfassen?", S. 3, räumt er sogar ein, daß diese Elemente nicht die allein in Betracht kommenden seien.
[165] § 25.
[166] *Müller-Erzbach*, Die Rechtswissenschaft im Umbau, S. 41.
[167] Vgl. oben, § 25.
[168] Vgl. Müller-Erzbachs Beispiel von der Volljährigkeit, wonach sich der Gesetzgeber darauf verlassen könne, daß der einzelne mit der Vollendung des 21. Lebensjahres ein genügendes geschäftliches Erkennungsvermögen erworben habe; Die Rechtswissenschaft im Umbau, S. 53.

Als Beispiel sei das oben erwähnte Erkennungsvermögen des Erwerbers eines Wechsels genannt, das sich aus dem Wechselverkehr ergibt und folglich keine im Individuum wurzelnde Eigenschaft darstellt. Es handelt sich um einen Lebensfaktor, dessen Inhalt und Ausmaß von einem Gesellschaftsintegrat geformt wird und der zugleich Ausdruck der den Individuen gegebenen und oben dargelegten Möglichkeiten und deren Grenzen ist.

Das „Vertrauen zu den Mitmenschen und zu ihrem Wort" ist ebenfalls ein Faktor, der nicht als Konstante zu verstehen ist. Auch dieses Lebenselement hat seinen Ursprung im menschlichen Zusammenleben und stellt ein Hilfsmittel für diejenigen Fälle dar, in denen die Macht der Individuen versagt, wie z. B. im Falle des Grundstückserwerbs, in welchem das Vertrauen auf den Inhalt des Grundbuchs das mangelnde Erkennungsvermögen hinsichtlich der Rechtsverhältnisse am Grundstück ersetzt. Es geht hier also nicht um eine von Ort und Zeit unabhängig gedachte menschliche Eigenschaft, sondern um ein Lebenselement, das einem einwandfreien Ablauf des Soziallebens dienen soll.

Demnach sind diese drei Lebenselemente als variable Faktoren des Soziallebens aufzufassen. Dies folgt auch daraus, daß Müller-Erzbach bei seinen Ausführungen über die Abhängigkeit des Rechts vom Sozialleben hervorhebt, daß das Recht einem ständigen Wandel unterworfen ist. Da das Recht wiederum auf einen steten Wandel des Soziallebens zurückzuführen ist, ergibt sich zugleich die Veränderlichkeit dieser drei wesentlichen Lebenselemente. Interesse, Macht und Vertrauen stellen nun bei weitem nicht alle Variablen dar, die in dieser Untersuchung zugrunde gelegt sind. Die Umwelt als Gesamtheit der nach Ort und Zeit sich ändernden Faktoren enthält eine Reihe weiterer Variablen. Zwar lassen sich viele dem Begriff der Umwelt angehörige Variable auf die Elemente Interesse und Macht zurückführen, jedoch bleibt auch eine erhebliche Anzahl von ihnen neben diesen drei von Müller-Erzbach angegebenen Elementen selbständig bestehen. So lassen sich die kulturellen Variablen wie z. B. die Religion nicht sämtlich auf diese Elemente zurückführen.

Müller-Erzbach selbst betont, daß es noch andere maßgebende Lebensfaktoren gibt, insbesondere Gefühlsregungen wie Liebe, Haß und Furcht[169]. Wenn er hieran die Überlegung anschließt, daß das Recht nur Kräfte in seinen Dienst stellen könne, auf deren Eingreifen es mit hinreichender Sicherheit rechnen und die es mit der erforderlichen Genauigkeit feststellen könne[170], und folglich jene Elemente in den Hintergrund stellt, so handelt es sich um den gleichen Gedankengang wie bei

---

[169] Vgl. § 8; ferner Fußnote 164 dieses Abschnitts.
[170] *Müller-Erzbach,* Die Rechtswissenschaft im Umbau, S. 66.

der strukturell-funktionalen Analyse: Da eine ganze Reihe von Elementen nicht mit der erforderlichen Genauigkeit ermittelt werden kann, werden diese trotz ihres Einflusses auf das Sozialleben nicht in die Analyse einbezogen. Da sie andererseits als existent betrachtet werden müssen, werden sie als unabhängig *gedacht* und somit konstant *gesetzt*.

Diese Aussage Müller-Erzbachs bezieht sich nicht nur auf den Vorgang der Rechtsbildung selbst. In gleicher Weise soll die von ihm entwickelte Kausalmethode bei der Erforschung der Rechtsbildungsprozesse vorgehen, also nur auf die Elemente abstellen, die hinreichend ermittelt werden können. Im Rahmen dieses Verfahrens sollen diejenigen Faktoren des Sozialebens festgestellt werden, die ständig in das menschliche Zusammenleben eingreifen und daher für die Bildung des Rechts von erkennbarer Bedeutung sind. Es wird demnach ein geistiges Nachvollziehen des Rechtsbildungsvorganges verlangt, in dessen Rahmen ja gerade die wenigen exakt feststellbaren Variablen herangezogen werden. Daraus folgt, daß die kausale Rechtslehre für die Erforschung des Rechts und damit auch für die Auslegung der Gesetzesnormen die gleiche Betrachtungsweise fordert, die das Recht vornimmt bzw. vorzunehmen hat.

So wird es klar, daß auch das kausale Rechtsdenken beim Zerlegen des Rechtslebens in seine Elemente nur auf einige wenige und dafür verhältnismäßig genau bestimmbare Variable abstellt, im übrigen jedoch von Faktoren ausgeht, die als konstant gedacht werden[171]. Dies geschieht in der Absicht, den zu untersuchenden Tatbestand möglichst zu vereinfachen. Da Müller-Erzbach die oben näher bezeichneten Gefühlsregungen als wichtig, jedoch wenig brauchbar bezeichnet, können diese wie auch die übrigen regulativen Orientierungen menschlichen Verhaltens im Rahmen seiner Lehre als Konstante angesehen werden[172].

Die Erwägungen und das Vorgehen der kausalen Rechtslehre entsprechen in dieser Hinsicht also denen der strukturell-funktionalen Theorie wie Analyse.

b) *Die Verbindung der Variablen mit den Konstanten*

Im Rahmen der strukturell-funktionalen Theorie sind die statischen Strukturkategorien, d. h. die konstant gesetzten Variablen, mit den dynamisch variablen Elementen des Systems durch den Begriff der Funktion verbunden. Das bedeutet, daß diese Variablen nicht nur zu

---

[171] So geht Müller-Erzbach in seinen Ausführungen über die Einmanngesellschaft stets von der Bedingung konstanter Lebenselemente bei alleiniger Veränderung der Machtlage aus; Die Rechtswissenschaft im Umbau, S. 60 ff.
[172] S. oben, § 25

einem System, sondern auch zu dessen als stabil vorgestellter Struktur in Beziehung gesetzt werden[173]. Es soll daher versucht werden, auch im Rahmen der kausalen Rechtslehre ein entsprechendes Verfahren nachzuweisen.

aa) Der Idealtyp vom Rechtsleben als Bezugspunkt

Da der Prozeß der Rechtsbildung zu der Struktur des Systems, in welchem er abläuft, in eine funktionale Verbindung gebracht werden soll, erhebt sich die Frage nach dem Gepräge dieser Struktur. Als Bezugspunkt derartiger Prozesse ist sie in einem Rechtsleben als einer funktionierenden Einheit im Sinne eines vom gesamten Rechtssystem postulierten und vorgestellten Idealtyps zu sehen[174]. Er ist als stabiles Ganzes zu verstehen, in welchem die als Konstante gedachten Faktoren enthalten sind.

Dieses Rechtsleben, das vom Gesetzgeber postuliert wird und Ausgangspunkt seiner normativen Entscheidungen ist, unterscheidet sich erheblich von dem Rechtsleben, das zunächst einmal tatsächlich vorhanden ist und der Erkenntnis der Bedeutung der einzelnen Lebensfaktoren dient. Denn der Gesetzgeber schafft nicht nur Normen, um den Typ eines bestimmten Rechtslebens zu erhalten, sondern auch zum Zweck der Veränderung der einzelnen Abläufe im Rechtsleben, um dadurch die strukturelle Integrität des menschlichen Zusammenlebens schlechthin aufrechtzuerhalten[175]. Das als Idealtyp vorgestellte Rechtsleben ist dabei der Leitgedanke, an dem sich die Bildung des Rechts orientiert. Die einzelnen Rechtsbildungsprozesse müssen somit in Beziehung zu diesem als stabile Struktur vorgestellten Rechtsleben gesetzt werden, da nur diese Beziehung etwas darüber aussagen kann, ob die jeweiligen Prozesse zur Erhaltung des Systems beitragen. Eine Bezugnahme der Prozesse allein auf das augenblicklich herrschende Rechts-

---

[173] So betont z. B. *Parsons* (Systematische Theorie in der Soziologie, a.a.O., S. 39), daß das strukturell-funktionale System „eine Reihe von dynamischen, funktionalen Kategorien" enthalten müsse, die derart mit den strukturellen Kategorien verknüpft sein müßten, daß sie Prozesse beschreiben, die diese bestimmten *Strukturen* in ihrer Erhaltungstendenz fördern oder hindern. Häufig wird daher auch von einer Funktion als „Beitrag zur Erhaltung der Integrität bestehender *Strukturen*" gesprochen; vgl. *Dahrendorf*, Die Funktionen sozialer Konflikte, a.a.O., S. 114. (Hervorhebung vom Verf.).

[174] Vgl. *Mayntz*, Soziologie in der Eremitage?, in: Topitsch (Hrsg.), Logik der Sozialwissenschaften, S. 526, 528: „Der Bezugspunkt funktionalistischer Analyse kann entweder ein vom Betrachter angenommener, wünschenswerter Zustand sein, z. B. das Modell einer demokratischen Gesellschaft ... Der Bezugspunkt funktionalistischer Analyse kann aber auch die Vorstellung eines Systems sein, dessen Funktionsvoraussetzungen optimal erfüllt sind."

[175] Vgl. *E. E. Hirsch*, Das Recht im sozialen Ordnungsgefüge, a.a.O., S. 27, über die Umgestaltung der faktischen sozialen Ordnung.

§ 26 Die Anwendung des Funktionsbegriffs

leben wäre wertlos, da es für den Gesetzgeber eben nicht unbedingt gilt, dieses Rechtsleben aufrechtzuerhalten.

Hinzu kommt die Tatsache, daß im Rahmen der Rechtsbildung die einzelnen maßgebenden Lebensfaktoren bewertet werden. Diese Wertungen haben das als Idee vorgestellte Rechtsleben zur Grundlage, das verwirklicht oder erhalten werden soll. Dieses Rechtsleben ist also Bezugspunkt bei der einzelnen Bewertung, so daß es naheliegt, eine Beziehung im oben erörterten Sinne herzustellen. Selbst wenn in einer Untersuchung vom tatsächlichen Ablauf des Rechtslebens ausgegangen wird — wie es bei Müller-Erzbach des öfteren der Fall ist —, so wird auch in diesen Fällen letztlich der Idealtyp vom Rechtsleben als Bezugspunkt herangezogen. Soll z. B. das tatsächliche Rechtsleben in seiner bestimmten Erscheinungsform *erhalten* bleiben und werden daher Rechtsbildungsprozesse, die dieser Erhaltungstendenz zuwiderlaufen, wegen ihrer Dysfunktionalität abgelehnt, so liegt das daran, daß dieses Rechtsleben in etwa den Forderungen des Idealtyps entspricht und daher als erhaltenswert anerkannt wird.

Es ist also immer wieder der Idealtyp vom Rechtsleben, auf den in seiner Eigenschaft als Bezugspunkt bewußt abgestellt wird und der allein etwas über die Funktionalität der einzelnen Rechtsbildungen aussagen kann.

Dieser Idealtyp muß die Voraussetzungen einer stabilen Struktur erfüllen, d. h. es müssen als Konstante gedachte Faktoren in ihm enthalten sein. Wenn auch die einzelnen Faktoren, die an der Bildung des Rechts beteiligt sind, in dem tatsächlichen Rechtsleben zu finden sind, so spielen sie doch die gleiche maßgebende Rolle in jenem Rechtsleben, zu dem wir die jeweiligen Variablen in Bezug setzen wollen. Sie werden höchstens in ihrem Inhalt voneinander abweichen, ihre Bedeutung als solche wird jedoch erhalten bleiben. Daher ist es zulässig, auch in jenem Rechtsleben die entsprechenden Elemente als Konstante zu setzen.

Hinzu kommt, daß der Gesetzgeber auch nur auf einige Variable abstellt und die übrigen Faktoren bei der Verfolgung eines bestimmten Zieles konstant setzt. Da er sich dabei am Idealtyp des Rechtslebens orientiert, wird er auch in diesem die entsprechenden Elemente als Variable und die übrigen als Konstante betrachten. Andernfalls wäre es ihm nicht möglich, auf das Sozialleben regulierend einzuwirken, da er nie die wirklich maßgebenden und exakt feststellbaren Lebensfaktoren für seine Ziele entsprechend berücksichtigen könnte.

Der Vorgang der Rechtsbildung ist demnach auf dem Hintergrund jenes Rechtslebens zu betrachten, das wir als Idealtyp auffassen wollen. Er wird insoweit zu ihm in eine funktionale Beziehung gesetzt, als sein Beitrag zur Erhaltung und Förderung dieses Idealtyps als eines stabilen Ganzen geprüft wird.

bb) Die bewußt dysfunktionale Rechtsbildung

Dem könnten Bedenken entgegenstehen, wenn davon auszugehen wäre, daß der Rechtsbildungsprozeß stets jenem vorgestellten Rechtsleben entsprechen würde. Dann wären nämlich sämtliche Rechtsbildungen funktional. Das ist jedoch nicht der Fall. Es gibt eine erhebliche Anzahl von Rechtsbildungsvorgängen, die in keiner Weise der jeweiligen Idee eines Gesamtsystems entsprechen, die also dysfunktional sind. Diese dysfunktionalen Prozesse erfolgen durchaus bewußt, d. h. in Kenntnis jenes vorgestellten Rechtslebens. Die dysfunktionale Bedeutung wird jedoch in Kauf genommen, da diese Prozesse zumeist eine Bremsfunktion für den Ablauf des Rechtslebens übernehmen sollen, weil ein höherwertiges Gut zu schützen ist.

Ein derartiges Vorgehen läßt sich an zwei Beispielen über den Geisteskranken veranschaulichen:

Das im BGB geregelte Kaufrecht soll nach der Gestaltung der einzelnen Normen, insbesondere der Vorschriften über die Gewährleistungsansprüche, einen möglichst raschen und reibungslosen Wertumsatz von Sachen oder Rechten gegen Geld ermöglichen[176]. Dieser reibungslose Güteraustausch stellt einen Idealtyp im oben dargelegten Sinne dar. Gemäß § 104 Nr. 3 BGB ist eine wegen Geisteskrankheit entmündigte Person geschäftsunfähig, ihre Willenserklärungen sind gemäß § 105 I BGB nichtig. Der mit einem wegen Geisteskrankheit Entmündigten abgeschlossene Kaufvertrag ist demnach nichtig, auch der gute Glaube kann nicht die mangelnde Geschäftsfähigkeit ersetzen. Der unerkannt Entmündigte stellt daher eine erhebliche Gefahr für den Geschäftsverkehr dar[177]. Diese gesetzliche Regelung steht somit im Gegensatz zu jenem Rechtsleben. Der Rechtsbildungsprozeß, der zu den Vorschriften der §§ 104, 105 BGB geführt hat, ist also in Bezug auf jenes Rechtsleben dysfunktional, da er nicht zur Erhaltung und Förderung eines reibungslosen Güteraustausches beiträgt.

Ebenso verhält es sich im Wechselrecht. Zweck des Art. 17 WG ist die Förderung des Distanzverkehrs[178]. Sein reibungsloser Ablauf ist somit

---

[176] *Staudinger-Ostler*, Kommentar zum BGB, II. Bd., 2. Teil, 11. Aufl., Berlin 1955, Einzelne Schuldverhältnisse, Einleitung, S. 9.

[177] Vgl. *Staudinger-Coing*, Kommentar zum BGB, I. Bd., 11. Aufl., Berlin 1957, § 105 Anm. 7 mit Hinweisen über Vorschläge für eine Gesetzesänderung, um die „Folgen dieser die Interessen des Geschäftsgegners vernachlässigenden Rechtslage" zu beseitigen; *Palandt-Danckelmann*, § 104, Einführung, Anm. 4.

[178] *Stranz*, Wechselgesetz, 14. Aufl., Berlin 1952, Art. 17 Anm. 1.

§ 26 Die Anwendung des Funktionsbegriffs 77

jenes Rechtsleben, zu welchem wir die einzelnen Rechtsbildungsprozesse in Bezug setzen.

Gemäß Art. 17 WG kann der aus dem Wechsel in Anspruch Genommene dem Wechselinhaber keine Einwendungen entgegensetzen, die sich auf seine unmittelbaren Beziehungen zu dem Aussteller oder zu einem früheren Inhaber gründen. Im Gegensatz zu diesen relativen Einwendungen gibt es die absoluten Einwendungen, die der Wechselschuldner jedem Wechselinhaber entgegenhalten kann[179]. Zu diesen Einwendungen zählt nun nach herrschender Meinung auch der Einwand der Geschäftsunfähigkeit, weil er die Gültigkeit der wechselrechtlichen Erklärung betrifft[180].

Diese Regelung, die einer konsequenten Beachtung der §§ 104, 105 BGB entspricht, steht also im Widerspruch zu einem funktionierenden Wechselverkehr; denn der einzelne Wechselerwerber kann aus dem Wechsel nicht entnehmen, daß er von einem Geschäftsunfähigen ausgestellt oder indossiert ist. Diese Rechtsbildung ist somit für das Rechtsleben dysfunktional. Dennoch wird sie bewußt in Kauf genommen, da jenes Rechtsleben nicht allzu sehr in seinem funktionierenden Bestand beeinträchtigt wird.

cc) Die Funktionalität in der kausalen
Rechtslehre, dargestellt an drei Beispielen

Auch wenn Müller-Erzbach in erster Linie die Bildungen des Rechts auf ihre Ursachen hin untersucht, so hat er doch auch in seinen sämtlichen Beispielen eine funktionale Beziehung im Sinne der strukturellfunktionalen Theorie hergestellt: Zunächst werden die variablen Lebensfaktoren, die in dem jeweiligen Rechtsbildungsprozeß zur Wirkung gelangt sind, ermittelt, während die übrigen Faktoren konstant gesetzt werden. Diese Konstanten bzw. jenes Rechtsleben, in welchem diese Konstanten enthalten sind, setzt er in Beziehung zu den Variablen, wobei er die einzelnen Prozesse auf ihre Funktionalität hin überprüft.

An drei Beispielen Müller-Erzbachs soll dieses Verfahren nachgewiesen werden:

Bei der Betrachtung der Rechtsbildung, die zu den Art. 16, 17 WG geführt hat, ermittelt er als wesentliche Faktoren dieses Prozesses die variablen Lebenselemente Macht und Vertrauen[181]. Er stellt auf die

---

[179] Vgl. § 364 II HGB: Einwendungen, die die Gültigkeit der Erklärung in der Urkunde betreffen oder sich aus dem Inhalt der Urkunde ergeben.
[180] *Baumbach-Hefermehl*, Wechselgesetz und Scheckgesetz, 9. Aufl., München, Berlin 1967, Art. 17 Anm. A; *Stranz*, Art. 17 Anm. 14.
[181] *Müller-Erzbach*, Die Rechtswissenschaft im Umbau, S. 31, über die Machtlage bzw. das mangelnde Erkennungsvermögen des Wechselinhabers:

typische Machtlage ab und will diese bei der Rechtsbildung berücksichtigt wissen, weil er von jenem Idealtyp des Rechtslebens ausgeht, in welchem der Wechsel ein sicheres geldwertes Umlaufpapier ist, dessen Umlauffähigkeit nicht durch Einwendungen, deren zugrunde liegende Umstände dem Wechselinhaber beim Erwerb unbekannt waren, beeinträchtigt werden soll.

Wenn Müller-Erzbach im Rahmen dieser Untersuchung die Berücksichtigung dieser Machtlage fordert und zugleich feststellt, daß die Bildung des Wechselrechts (insbesondere Art. 17 WG) als Folge dieses Lebensfaktors aufzufassen ist, so bringt er zum Ausdruck, daß dieser Rechtsbildungsprozeß und insbesondere die darin zur Geltung gelangte Machtlage für jenen Idealtyp von Geschäftsverkehr von funktionaler Bedeutung ist, also zum Funktionieren jenes Rechtslebens beiträgt.

Noch deutlicher zeigt das Beispiel von der Mehrheitsherrschaft im Vereinsrecht, daß er die Rechtsbildungsprozesse entsprechend den Grundzügen der strukturell-funktionalen Theorie analysiert.

Gemäß § 32 I 3 BGB beschließt die Mitgliederversammlung in Angelegenheiten des Vereins mit der Mehrheit der erschienenen Mitglieder. Müller-Erzbach führt hierzu aus, daß das Recht die Macht der Mitgliederversammlung so gestalten müsse, daß diese „mit der erforderlichen Leichtigkeit und Wendigkeit den Wechselfällen des Lebens" folgen könne[182]. Die Vorschrift des § 305 BGB könne hierfür keine Anwendung finden, da alle Vertragsbeteiligten immer wieder unter einen Hut gebracht werden müßten. „Das Erfordernis ständiger Übereinstimmung aller würde über die Kräfte des Vereins und seiner Mitglieder hinausgehen, und schwere innere Reibungen würden die Folge sein[183]."

Müller-Erzbach geht also von einem Idealtyp des Rechtslebens aus, in dem sich das Vereinsleben den Wechselfällen des täglichen Lebens mit der erforderlichen Wendigkeit anpaßt. Wenn er nun aus dem Wesen des Vereins als einer Interessengemeinschaft, deren Mitglieder sich zur Verfolgung eines bestimmten gemeinsamen Zwecks zusammengeschlossen haben und in dessen Richtung die Abstimmung der einzelnen Mitglieder gehen wird[184], die gesetzliche Regelung über die Mehrheitsherrschaft

---

„Diese Machtlage hat aber die Rechtsbildung zur Folge, welche das Wechselrecht heraushebt und das Recht anderer Schuldverschreibungen, welche ebenfalls für den Umlauf bestimmt sind. Diese Machtlage verwehrt es dem Aussteller des Papiers, dessen Erwerber Einwendungen entgegenzusetzen, welche dieser nicht erkennen konnte, weil er bei der Ausstellung des Papiers nicht zugegen war."
[182] *Müller-Erzbach*, Recht der Mitgliedschaft, S. 39.
[183] Ders., a.a.O., S. 39 f.
[184] Ders., a.a.O., S. 40: „Mag das Mitglied auch das gemeinschaftliche Interesse in der Färbung sehen, welche seine eigenen Interessen ihm geben, so treibt doch das eigene Interesse die Stimme dahin, wo das Mitglied den eigenen Vorteil wie den des Vereins sieht."

§ 26 Die Anwendung des Funktionsbegriffs

herleitet, so geschieht dies eben auf dem Hintergrund jenes als Idealtyp vorgestellten gut funktionierenden Vereinslebens. Dabei wird auf die im Verein bestehende typische Interessenlage deshalb abgestellt, weil diese die für ein funktionierendes Vereinsleben erforderliche Mehrheitsherrschaft rechtfertigt.

Indem er die Berücksichtigung dieser Interessenlage fordert und diese Voraussetzung in dem zu § 32 I 3 BGB führenden Rechtsbildungsprozeß als erfüllt ansieht, will er zum Ausdruck bringen, daß dieser Prozeß zum Funktionieren jenes Rechtslebens beiträgt. Andernfalls hätte seine Untersuchung, die auf die für die Mehrheitsherrschaft entscheidende Interessenlage abstellt, keinen Sinn. Denn sie orientiert sich an einem als Idealtyp aufzufassenden Vereinsleben, das den Erfordernissen einer entsprechenden Wendigkeit gerecht wird.

Das markanteste Beispiel für eine dysfunktionale Rechtsbildung führt Müller-Erzbach im Zusammenhang mit der Haftung der Einmanngesellschaft an[185]. Als Grund für die beschränkte Haftung der Mitglieder eines Verbandes bezeichnet er deren Machtlage bzw. deren Beherrschungsvermögen. Da die Geschäftsführung eines Verbandes in der Hand des Vorstandes liege und die einzelnen Mitglieder auf Auswahl und Abberufung der Vorstandsmitglieder bei einem Verband mit großer Mitgliederzahl keinen allzu erheblichen Einfluß hätten, sei deren Machtlage entscheidend dafür gewesen, daß sie von der Haftung für Verbindlichkeiten des Verbandes befreit worden seien. Bei Kapitalgesellschaften hätten sie lediglich ein bestimmtes Haftungskapital aufzubringen und für dessen Erhaltung zu sorgen. Setzt sich jedoch der Verband nicht aus mehreren Mitgliedern zusammen, sondern hat sich aus diesen eine Einmanngesellschaft entwickelt, so sieht er darin eine grundsätzliche Änderung der Machtgestaltung mit der Folge, daß der Einmann unbeschränkt haften müsse[186]. Er greift daher Gesetzgebung und Rechtsprechung wegen ihres Festhaltens an der beschränkten Haftung im Falle der Einmanngesellschaft heftig an. Sie hätten nicht genügend auf die Machtlage abgestellt[187].

Wenn Müller-Erzbach diese Rechtsbildung ablehnt, so muß er sie zu einem System in Beziehung gesetzt haben, dessen Funktionieren durch diese Rechtsbildung gefährdet wird. Denn es genügt nicht allein die

---

[185] *Müller-Erzbach*, Recht der Mitgliedschaft, S. 386 ff.; Die Rechtswissenschaft im Umbau, S. 61 ff.
[186] Ders., Die Rechtswissenschaft im Umbau, S. 61: „Ist so der Verband zur Einmanngesellschaft geworden, dann beherrscht deren Geschäfte deren einziges Mitglied ebenso wie ein einzelner Unternehmer seinen Betrieb. Dementsprechend muß der Einmann unbeschränkt für die Schulden des von ihm vollkommen beherrschten Verbandes einstehen."
[187] Ders., a.a.O., S. 62.

Feststellung, daß sich die Machtlage geändert hat, sondern es muß außerdem ein Bezugspunkt gegeben sein, auf Grund dessen eine derartige Machtlage entsprechende Haftungsfolgen nach sich zieht.

Tatsächlich ist er von einem entsprechenden Bezugspunkt ausgegangen, und zwar von einem gut funktionierenden Wirtschaftsleben im Sinne eines Idealtyps, den er durch diese Rechtsbildung gefährdet sieht[188].

Dieses Wirtschaftsleben setzt er in einen engen Zusammenhang mit dem von ihm geprägten Begriffspaar Herrschaft und Haftung. Das bedeutet, daß in einem gut funktionierenden Wirtschaftsleben die Haftung nach dem gegebenen Beherrschungsvermögen zu bemessen ist[189]. Wenn er nun feststellt, daß durch die beschränkte Haftung der Einmanngesellschaft „das Wirtschaftsleben gefährdet" sei[190] und diese Regelung auf eine mangelnde Berücksichtigung der in Einmanngesellschaften typischen Machtlage zurückzuführen sei, so spricht er damit den dysfunktionalen Charakter dieses Rechtsbildungsprozesses aus: die zur beschränkten Haftung von Einmanngesellschaften führende Rechtsbildung trägt nicht zur Erhaltung und zum Funktionieren jenes Rechtslebens bei.

Es kommt hier nicht darauf an, ob die von Müller-Erzbach vorgeschlagene Lösung des Problems vertretbar ist oder nicht. Wesentlich ist, *wie* er zu dieser Lösung kommt, nämlich durch Anwendung der Grundsätze der strukturell-funktionalen Analyse.

Diese Beispiele zeigen, daß das kausale Rechtsdenken die wesentlichen Elemente der strukturell-funktionalen Theorie enthält.

c) Die Rechtsfortbildung und
die strukturell-funktionale Theorie

Zur Begründung seiner Forderung nach Heranziehung der variablen Faktoren Interesse, Macht und Vertrauen führt Müller-Erzbach an, daß diese Elemente im menschlichen Zusammenleben von maßgebender Be-

---

[188] *Müller-Erzbach*, Recht der Mitgliedschaft, S. 387. Wenn dort auch Müller-Erzbach mit dem Begriff des Wirtschaftslebens in erster Linie dessen tatsächlichen Ablauf meint, so steht doch unmittelbar dahinter ein Idealtyp vom Wirtschaftsleben, der als Bezugspunkt aufzufassen ist. Denn wenn er in diesem Rechtsbildungsprozeß eine Gefährdung des Wirtschaftslebens sieht, so doch nur, weil er von einem gut funktionierenden und störungsfreien Wirtschaftsleben ausgeht, eben jenem Idealtyp, der auf Grund seiner Struktur eine solche Rechtsbildung nicht verträgt. Bejaht er das Wirtschaftsleben in seiner derzeitigen Ausprägung, indem er die zu dessen Änderung führenden Rechtsbildungen ablehnt, so ist dieses von ihm als erhaltenswert betrachtete Wirtschaftsleben mit jenem Idealtyp identisch.
[189] S. oben, § 6 Nr. 2.
[190] *Müller-Erzbach*, a.a.O.

§ 26 Die Anwendung des Funktionsbegriffs 81

deutung seien und daher sowohl von einem lebensnahen Recht als auch von einer lebensnahen Rechtsprechung berücksichtigt werden müßten. Die vorangegangenen Erörterungen lassen jedoch den Schluß zu, daß er mit dieser Forderung eine weitere Überlegung verbindet.

Wir haben festgestellt, daß die kausale Rechtslehre die einzelnen Rechtsbildungsvorgänge mit Hilfe jener Lebensfaktoren zu erklären versucht und diese bzw. die sich daraus zusammensetzenden Prozesse in eine funktionale Beziehung zum Rechtsleben gesetzt werden. Soll die Rechtsprechung diese Lebenselemente heranziehen, so insbesondere deshalb, weil ihre Entscheidungen funktional sein sollen, also geprüft werden soll, ob sie tatsächlich im Einklang mit jenem strukturellen System stehen und zu dessen Erhaltung beitragen. Dieser Forderung kann sie jedoch nur dann nachkommen, wenn sie auf die Faktoren abstellt, die in einen entsprechenden Funktionsbezug gebracht werden können.

Daraus ergibt sich zugleich die Grenze für die richterliche Rechtsfortbildung. Muß der Richter diese Lebensfaktoren bei der Auslegung des Gesetzes wie auch bei der Prüfung des Sachverhalts heranziehen und daher eine funktionale Entscheidung fällen, so hört seine Befugnis zur Rechtsfortbildung dort auf, wo er glaubt, daß eine dysfunktionale Entscheidung erforderlich ist, um der im vorliegenden Fall gegebenen Interessen- und Machtlage zu entsprechen; denn dysfunktionale Entscheidungen sind dem Gesetzgeber vorbehalten[191].

Es zeigt sich also, daß die Funktionalität einer Rechtsbildung mit den darin zur Geltung gelangten Lebenselementen erforscht wird, um dem Richter die von ihm zu treffenden Entscheidungen im Rahmen der Rechtsfortbildung zu erleichtern und deren Grenzen aufzuzeigen.

Das angeführte Beispiel von der Einmanngesellschaft führt uns direkt in das Problem der Rechtsfortbildung. Die von Müller-Erzbach geforderte Durchgriffshaftung bei Einmanngesellschaften wird mit der dort gegebenen Machtlage begründet[192]. Er benutzt also für die Rechtsfortbildung, die in Anbetracht des sich insoweit wandelnden Soziallebens erforderlich geworden ist, denselben Lebensfaktor, der auch für die einstige Rechtsbildung maßgebend war. Der Grund hierfür ist darin zu sehen, daß die Entscheidungen auch im Rahmen der Rechtsfortbildung funktional sein müssen und dies nur mit Hilfe des Lebensfaktors geschehen kann, der im Rahmen jenes Rechtsbildungsvorganges von funktionaler Bedeutung war. Die damalige Beziehung zwischen der Machtlage, wie sie in dem Rechtsbildungsprozeß zur Geltung gelangt ist, und jenem Rechtsleben muß auch bei der vorliegenden Rechtsfortbildung

---

[191] Vgl. hierzu *Ehrlich,* Grundlegung der Soziologie des Rechts, S. 145.
[192] S. oben, § 26 Nr. 2. cc.

6 Knauthe

hergestellt werden, um funktionales Recht zu schaffen. Dieser entscheidende Lebensfaktor hat zwar im Laufe der Zeit in jenem Lebensvorgang eine neue Ausgestaltung erfahren, als variables Element eines Rechtsbildungsprozesses, der zum gesamten Rechtsleben in Beziehung gesetzt wird, behält er jedoch seine Bedeutung für die Frage der Funktionalität.

Auch diese Ausführungen zeigen, daß der soziologische Funktionsbegriff und die strukturell-funktionale Theorie in der kausalen Rechtslehre ihren Niederschlag gefunden haben.

§ 27 Das kausale Rechtsdenken und die Problematik des sozialen Wandels

1. Die Problematik im Allgemeinen und Dahrendorfs Lösungsvorschlag

Im Rahmen dieser Arbeit kann nicht im einzelnen auf die Problematik eingegangen werden, die sich aus dem sozialen Wandel für die strukturell-funktionale Theorie ergibt[193]. Wesentlich ist, daß diese Theorie infolge ihrer statischen Kategorien, durch die Prozesse aus ihrem sozialen Zusammenhang gerissen werden[194] und ein relativ stabiles System zum Ausgangspunkt jeder Untersuchung gemacht wird, Schwierigkeiten bei der Analyse solcher Prozesse hat, die den Rahmen der bestehenden Strukturen durchbrechen. Dahrendorf weist darauf hin, daß sich diese Theorie mit ihren Begriffen „Funktion" und „Rolle" lediglich darauf beschränke, eine Beziehung zwischen dem jeweiligen Prozeß und einer bestehenden Ordnung in der Weise herzustellen, daß dieser Prozeß entweder als Beitrag zum Funktionieren dieser Ordnung gesehen oder als pathologische Erscheinung, d. h. als „dysfunktional" abgelehnt werde. Die grundsätzliche Wandelbarkeit der Struktur, die nun einmal eine soziale Tatsache sei und aus derartigen Prozessen resultiere, könne daher mit Hilfe dieser Theorie nicht hinreichend erfaßt werden[195].

Renate Mayntz[196] weist zwar nach, daß man unter Zugrundelegung der strukturell-funktionalen Analyse zur „Vorstellung einer in konstan-

---

[193] S. im einzelnen Dahrendorfs Kritik und Vorschläge zur strukturell-funktionalen Theorie, in: ders., Struktur und Funktion, a.a.O., S. 79 ff.; Die Funktionen sozialer Konflikte, a.a.O., S. 124 ff.; *Merton*, Manifest and Latent Functions, a.a.O., S. 51; *Mayntz*, Soziologie in der Eremitage?, a.a.O., S. 527 ff.; *MacIver*, Social Causation, S. 42.

[194] *Mayntz*, a.a.O., S. 527: „Eine Verführung zu statischer Sicht bei ständiger Verwendung von Begriffen, die Prozesse in Momentaufnahmen zum Stillstand bringen, ist sicher nicht abzustreiten."

[195] *Dahrendorf*, Struktur und Funktion, a.a.O., S. 80.

[196] *Mayntz*, a.a.O., S. 528.

ter Änderung befindlichen Gesellschaft" gelangt, dennoch ist der von Parsons und Merton eingeführte Begriff der Dysfunktion allein nicht ausreichend, um soziale Konflikte und den daraus sich ergebenden sozialen Wandel hinreichend zu erklären. Allein mit der Feststellung, daß ein Prozeß dysfunktional ist, kann in Anbetracht der grundsätzlichen Wandelbarkeit sozialer Strukturen nicht viel erreicht werden; denn es gibt zu viele Prozesse, die den Rahmen eines bestehenden Systems sprengen und zugleich dessen Struktur erheblich verändern, so daß eine weitergehende Analyse dieser Prozesse erforderlich wird.

Dahrendorf versucht dieses Problem dadurch zu lösen, daß er diese Konflikte nicht auf ein relativ stabiles System bezieht, sondern auf den historischen Prozeß menschlicher Gesellschaften[197]. Denn nach seiner Auffassung sind Konflikt und Wandel die Regel, nach der das Sozialleben abläuft, Stabilität und Ordnung stellen hingegen den pathologischen Sonderfall des Lebens dar. Insoweit befindet sich Dahrendorf in Übereinstimmung mit Cairns, wonach das Sozialleben und die sozialen Beziehungen „im Grunde widersprüchlich und ungeordnet sind"[198]. Er geht jedoch über Cairns hinaus, indem er ohne Einschränkung Konflikte „im allgegenwärtigen Prozeß des sozialen Wandels für zutiefst notwendig" hält[199].

Nachdem wir festgestellt haben, daß in dem kausalen Rechtsdenken die Elemente der strukturell-funktionalen Theorie und der damit verbundenen Analyse enthalten sind, stellt sich daher die weitere Frage, inwieweit diese Problematik von Müller-Erzbach behandelt worden ist.

2. Die von Müller-Erzbach geforderte kausale Geschichtsschau

Wir sahen bereits an dem Beispiel der Einmanngesellschaft, daß Müller-Erzbach dysfunktionale Prozesse sieht und ihre Existenz anerkennt. Daß er auch die maßgebende Bedeutung von Konflikten für das soziale Leben berücksichtigt wissen will, geht aus seinen Ausführungen über die Interessenkonflikte hervor.

Mißt man dem Begriff der Dysfunktion die Bedeutung bei, die ihm Merton gibt[200], so wäre auch in den Aussagen Müller-Erzbachs, die die

---

[197] *Dahrendorf*, Die Funktionen sozialer Konflikte, a.a.O., S. 124.
[198] *Cairns*, The Theory of Legal Science, Chapel Hill 1941, S. 53: „Social life and social relations are, in other words, basically incongruous and disorderly. ... Whatever may be the case in nature, order in social life is wrought from disorder."
[199] *Dahrendorf*, Struktur und Funktion, a.a.O., S. 81.
[200] *Merton*, Manifest and Latent Functions, a.a.O., S. 53: „The concept of dysfunction, which implies the concept of strain, stress and tension on the structural level, provides an analytical approach to the study of dynamics and change".

II. 4. Gesichtspunkt der Funktionalität

Dysfunktion eines Prozesses betreffen, ein „Ansatz zum Studium der Dynamik und des Wandels" zu sehen.

Da der Begriff der Dysfunktion jedoch allein nicht ausreicht, um Rechtsbildungsprozesse, die über den Rahmen eines angenommenen Idealtyps hinausgehen, genügend zu beschreiben und zu erklären, ist zu untersuchen, ob er diese Prozesse zusätzlich in einem größeren Zusammenhang gesehen hat und ein entsprechendes Verfahren verlangt.

Tatsächlich läßt sich ein entsprechender Hinweis finden: Um die Erkenntnisse des Rechts auszuweiten und zu vertiefen, legt das kausale Rechtsdenken nahe, „auch das Recht der Vergangenheit in seiner Lebensverwurzelung zu ergreifen"[201]. Ein kausales Erfassen der Rechtsbildungen in der Vergangenheit — Müller-Erzbach spricht auch von einer „kausalen Geschichtsschau"[202] — ermögliche einen Überblick, wie die verschiedenen Lebensbedürfnisse auf die Rechtsentwicklung im Laufe der Zeit eingewirkt hätten[203].

Im Anschluß an diese Forderung führt er selbst einige Fälle an, in denen die sich in der Geschichte ständig ändernden Lebensfaktoren auf den Prozeß der Rechtsbildung jeweils eine entsprechende Wirkung ausgeübt haben und somit für die *Rechtsentwicklung* maßgebend waren. So führt er unter anderem aus, daß das verstärkte Vertrauen unter den Menschen der Kreditwirtschaft zum Durchbruch verholfen und das Recht wiederum davon viele Anregungen erhalten habe[204].

Müller-Erzbach beschreitet hier also in den Grundzügen den gleichen Weg wie Dahrendorf: die Bedeutung der einzelnen Rechtsbildungsprozesse und insbesondere der darin zur Geltung gelangten Lebensfaktoren wird nicht nur durch eine Beziehung zu einem stabilen System ermittelt, sondern auch durch eine Bezugnahme auf den geschichtlichen Prozeß der Rechtsentwicklung. Dadurch wird es möglich, die zu untersuchenden Prozesse und die darin enthaltenen Faktoren in einen Zusammenhang mit diesem Geschichtsprozeß zu bringen, sie darin zu lokalisieren — auch wenn sie eine das Rechtsleben ändernde Wirkung mit sich bringen — und damit die Erkenntnis dieser Rechtsbildung zu vertiefen. Zugleich wird die kausale Rechtslehre mit dieser Forderung nach einer kausalen Geschichtsschau der Tatsache gerecht, daß sich das gesamte Sozialleben und somit auch das Recht in einem steten Wandel befindet.

---

[201] *Müller-Erzbach*, Die Rechtswissenschaft im Umbau, S. 129.
[202] Ders., ebd.
[203] Ders., a.a.O., S. 132.
[204] Ders., ebd.; vgl. auch „Lassen sich das Recht und das Rechtsleben tiefer und sicherer erfassen?", S. 124 ff., insbes. S. 133 f.

Gerade der Prozeß der Rechtsfortbildung ist es, der diesen Wandel besonders stark bewirkt. Da auch für seine Erklärung und Ermittlung die Forderung der kausalen Geschichtsschau gilt, hat auch das kausale Rechtsdenken einen Weg gefunden, um derartige Prozesse über ihren dysfunktionalen Charakter hinaus näher zu bestimmen.

Diese Lehre hat somit den gleichen Weg beschritten, den Dahrendorf für die strukturell-funktionale Theorie vorgeschlagen hat. Damit dürfte einmal mehr nachgewiesen sein, daß die kausale Rechtslehre die Elemente der strukturell-funktionalen Theorie in sich trägt, und zwar mit ihren Nachteilen, aber auch mit einem zur Lösung der Problematik beitragenden Gedankengang, den Dahrendorf im einzelnen entwickelt hat.

§ 28 Der Handelnde als Rollenträger

Nach der strukturell-funktionalen Theorie beteiligt sich das einzelne Individuum nur mit einem bestimmten Sektor am sozialen Leben, der als „Rolle" bezeichnet wird[205]. Dieser Begriff kommt zwar im kausalen Rechtsdenken nicht vor, dennoch wird auch in dieser Lehre das Individuum nur in seiner jeweiligen Rolle betrachtet. Wenn z. B. der im Vereinsrecht zur Mehrheitsherrschaft führende Rechtsbildungsprozeß untersucht wird, so wird dabei das Individuum lediglich als Verbandsmitglied gesehen, dessen Interessen denen der übrigen Mitglieder gleichen und das daher in Vereinsangelegenheiten in einer der Vereinsstruktur typischen Richtung abstimmen wird. Andere Eigenschaften und Aktivitäten dieses Individuums sind für die Untersuchung nicht entscheidend.

Andererseits ist jedoch darauf hinzuweisen, daß sich Müller-Erzbach keineswegs mit der Kategorie der Rolle so ausführlich beschäftigt hat, wie dies in der Soziologie üblicherweise der Fall ist[206]. Wenn auch in dem hier angeführten Beispiel ein bestimmtes Verhalten des einzelnen Mitgliedes bei Abstimmungen in Vereinsangelegenheiten erwartet wird, so wird doch in der überwiegenden Zahl der von Müller-Erzbach angeführten Fälle das Individuum in seiner Rolle nicht im Sinne einer Verhaltensweise aufgefaßt, die ein Gesellschaftsintegrat von ihm in einer bestimmten Situation erwartet[207]. Dementsprechend sind auch im Rah-

---

[205] S. oben, § 23 Nr. 6.
[206] S. z. B. über die Rollentheorie J. *Stone*, Social Dimensions of Law and Justice, S. 15.
[207] Vgl. *E. E. Hirsch*, Das Recht im sozialen Ordnungsgefüge, a.a.O., S. 31, der auf die soziologische Sinnbedeutung der Rolle hinweist, wonach diese „den Inbegriff derjenigen Verhaltensweisen bezeichnet, die dem Inhaber einer sozialen Position in einem bestimmten Gesellschaftsintegrat von diesem aufgegeben werden."

men des kausalen Rechtsdenkens keine Ausführungen über die mit der Rolle unlösbar verbundenen „Rollenerwartungen" zu finden.

Obwohl also nicht der gesamte Rollenbegriff übernommen worden ist, läßt sich doch sagen, daß die kausale Rechtslehre wenigstens einige Elemente dieser Rollentheorie enthält.

Fünfter Abschnitt

Das kausale Rechtsdenken und die soziologische Jurisprudenz

§ 29 Die soziologisch orientierte Aufstellung von Rechtsnormen als Postulat des kausalen Rechtsdenkens

Bei der soziologischen Jurisprudenz steht der normative Aspekt im Vordergrund. Die dort gestellte Frage nach der Faktizität des Rechts dient letzthin der Beantwortung von Fragen des normativen Bereichs[208]. Wenn die soziologische Jurisprudenz auch von der eigentlichen Rechtssoziologie zu trennen ist, so muß doch zur Ermittlung des rechtssoziologischen Charakters der kausalen Rechtslehre darauf eingegangen werden, inwieweit diese der angewandten Rechtssoziologie entspricht.

In Müller-Erzbachs letzter Schrift läßt sich ein Hinweis finden, der für ein Denken im Sinne der soziologischen Jurisprudenz spricht[209]. Darin bringt er zum Ausdruck, daß das Recht auf die einzelnen sozialen Erscheinungen bzw. deren Elemente abstellen müsse, um sich im Leben zu verwirklichen. Da dies nur mit Hilfe der rechtssoziologischen Erkenntnisse möglich ist, die allein etwas über die eventuellen Auswirkungen der beabsichtigten Entscheidungen aussagen können, befürwortet Müller-Erzbach eine soziologisch orientierte Gesetzgebung.

Diese Annahme wird durch Ausführungen bestätigt, in denen er dem deutschen Gesetzgeber den Vorwurf einer mangelnden Lebensbeobach-

---

[208] Vgl. M. *Rehbinder,* Entwicklung und gegenwärtiger Stand der rechtssoziologischen Literatur, S. 533; s. auch oben, § 16.

[209] *Müller-Erzbach,* Erfassen des Rechts, S. 309: „Das Recht muß sich im Leben verwirklichen. Daran hängt auch sein Ansehen. Es kann daher nur auf Interessen abstellen, die tatsächlich verfolgt zu werden pflegen und denen eine hinreichende Triebkraft eigen ist. Eben deshalb kann das Recht nur eine Einsicht und ein Leistungsvermögen voraussetzen, die einem Durchschnittsmenschen eigen sind."

§ 30 Die rechtssoziologischen Erkenntnisse bei der Anwendung des Rechts

tung macht[210], weil dieser sich nicht die rechtssoziologischen Erkenntnisse zu eigen gemacht habe.

§ 30 Die rechtssoziologischen Erkenntnisse bei der Anwendung des Rechts

Die soziologisch orientierte Anwendung von Rechtsnormen hat große Bedeutung bei der Ausfüllung von Gesetzeslücken und bei der Interessenabwägung. Das Problem der Gesetzeslücken steht zwar bei Müller-Erzbach nicht im Vordergrund. Um so ausführlicher hat er sich aber der Problematik der Interessenabwägung gewidmet.

Wenn sich die Lehre vom kausalen Rechtsdenken mit dem „Bewerten des Lebens seitens des Rechts"[211] beschäftigt, so ist darunter nicht nur die vom Gesetzgeber vorzunehmende Interessenabwägung zu verstehen, sondern auch die des einzelnen Richters[212]. Müller-Erzbach weist darauf hin, daß die Kreise, die einen maßgebenden Einfluß auf die Gestaltung des Rechts hätten, auch die Interessenwertung bestimmten[213]. Zu diesen Kreisen gehören aber nicht nur der Gesetzgeber, Interessengruppen usw., sondern auch der Richter.

Die vom kausalen Rechtsdenken aufgestellten Grundsätze für die Interessenabwägung beziehen sich daher sowohl auf die gesetzgeberische als auch auf die richterliche Rechtsbildung. Daher bezieht sich auch Müller-Erzbachs Forderung, das Recht solle sich bei seinen Bewertungen nach der Konstellation aller jeweils maßgebenden Lebensfaktoren richten[214], auf diese beiden Arten der Rechtsbildung.

Speziell für die Interessenabwägung bedeutet dies, daß Gesetzgeber und Richter auf den wesentlichen Lebensfaktor Macht im Sinne des Leistungs- und Beherrschungsvermögens abstellen müssen[215]. Daß der Gesetzgeber häufig in dieser Weise verfährt, wird unter anderem durch die Vorschriften der §§ 104 ff. BGB unter Beweis gestellt, wonach das mangelnde Erkennungsvermögen jener Personen den Schutz ihrer Interessen erforderlich macht[216].

---

[210] So z. B. *Müller-Erzbach*, Lassen sich das Recht und das Rechtsleben tiefer und sicherer erfassen?, S. 16 über die Gesetzgebung im Aktienrecht.
[211] Ders., Die Rechtswissenschaft im Umbau, S. 72 ff.
[212] Vgl. ders., Die Rechtswissenschaft im Umbau, S. 91, wo eine vom Reichsgericht vorgenommene Interessenabwägung auf dem Gebiet des Mitgliedschaftsrechts angeführt wird.
[213] Ders., a.a.O., S. 68.
[214] Ders., a.a.O., S. 75.
[215] Ders., a.a.O., S. 84 ff.
[216] Ders., a.a.O., S. 87; vgl. oben, § 9 Nr. 1.

II. 5. Das kausale Rechtsdenken und die soziologische Jurisprudenz

Demgegenüber habe z. B. das Reichsgericht die Machtlage des öfteren nicht genügend berücksichtigt[217]. So sei übersehen worden, daß der Gesichtspunkt der Machtlage bei dem gutgläubigen Erwerb beweglicher Sachen von entscheidender Bedeutung sei. Entgegen der Ansicht des Reichsgerichts[218] sei auch dann ein gutgläubiger Erwerb anzunehmen, wenn ein Besitzdiener die ihm anvertraute Sache unbefugt veräußert. Denn das Beherrschungsvermögen des Eigentümers, die Sache in seinem Besitz zu erhalten, sei um so größer, als es sich um einen Besitzdiener handele, der seinen Weisungen zu folgen habe. Da das Einsichtsvermögen des Erwerbers dagegen gering sei, müsse dessen Interesse an einem gutgläubigen Erwerb bevorzugt werden.

Wir sehen an diesen Beispielen, daß die Interessenabwägung stets unter dem Gesichtspunkt eines soziologisch orientierten Verfahrens betrachtet und ein derartiges Verfahren überall da gefordert wird, wo auf rechtssoziologische Erkenntnisse nicht oder zumindest nicht genügend abgestellt worden ist[219]. Insoweit sind also bei der kausalen Rechtslehre Elemente der soziologischen Jurisprudenz zu erkennen.

---

[217] *Müller-Erzbach*, a.a.O., S. 87 f.
[218] RGZ 71, 248, wonach ein Abhandenkommen der Sache gegeben sein soll.
[219] *Müller-Erzbach*, a.a.O., S. 75.

Drittes Kapitel

Die Interessenabwägung im Rahmen des kausalen Rechtsdenkens

Die Interessenbewertung stellt eines der Themen dar, mit denen sich Müller-Erzbach im Rahmen der kausalen Rechtslehre vorrangig beschäftigt hat. Um ein abschließendes Bild von dieser Lehre zu bekommen, ist es daher erforderlich, auf diese Problematik näher einzugehen. Dies um so mehr, als er sich für ein soziologisch orientiertes Verfahren der Interessenbewertung eingesetzt hat[1].

Da die vom kausalen Rechtsdenken entwickelten Grundsätze der Interessenbewertung sowohl für den Gesetzgeber als auch für den Richter gedacht sind, sollen auch hier die Bewertungsprobleme unter diesen beiden Gesichtspunkten betrachtet werden.

Erster Abschnitt

Die gesetzlichen Prinzipien der Interessenabwägung

§ 31 Die Interessenbewertung als eine Unterart der Interessenabwägung

Wenn es um die Frage nach den Prinzipien oder gar den Maßstäben der Interessenabwägung geht, muß zunächst deren Verhältnis zu dem Vorgang der Interessenbewertung geklärt werden. Es wird häufig von „Grundsätzen der Interessenabwägung"[2] wie auch von Ordnungsgesichtspunkten, „die für die jeweilige Interessenbewertung maßgebend sind"[3] gesprochen, ohne daß zwischen beiden Begriffen ein Unterschied gemacht wird. Jedoch erst wenn ihre Bedeutung feststeht, kann die oben

---

[1] Vgl. oben, § 30.
[2] S. unter diesem Titel *Hubmann*, AcP 155, S. 85 ff.
[3] So *Larenz*, Methodenlehre der Rechtswissenschaft, S. 125 in seinen Ausführungen über die von R. *Reinhardt* entwickelten Ordnungsgesichtspunkte, s. dessen Schrift „Methoden der Rechtsfindung", S. 17 ff.

gestellte Frage hinreichend beantwortet werden. Hängt doch die Frage der Prinzipien und Maßstäbe letzthin von der Eigenart des Vorgangs ab, in welchem sie Anwendung finden sollen. Dies gilt insbesondere für solche Prinzipien, die dem spezifischen Bereich der Bewertung angehören wie z. B. der Gesichtspunkt des in Geld ausdrückbaren Vermögenswertes bei der Rangordnung materieller Güter.

Wenn wir uns in diesem Zusammenhang den Vorschriften über den gutgläubigen Eigentumserwerb (§§ 932 ff. BGB) zuwenden, so stellen wir fest, daß die widerstreitenden Interessen des Erwerbers und des bisherigen Eigentümers gleichwertig sind. Beide erstreben das Eigentum an demselben Gegenstand, die eventuell eintretende Vermögenseinbuße ist ebenfalls bei beiden die gleiche. Dennoch bevorzugt das Gesetz einmal den Erwerber, zum anderen den bisherigen Eigentümer, dies bei abhandengekommenen Sachen (§ 935 BGB). Der Grund für diese unterschiedlichen Entscheidungen liegt nicht etwa darin, daß der Gesetzgeber die Interessen verschieden *bewertet* hat. Es sind vielmehr weitere bei den einzelnen Fällen hinzukommende Umstände, die den Gesetzgeber veranlaßt haben, beim *Abwägen* der an sich gleichwertigen Interessen dem einen oder dem anderen den Vorzug zu geben[4].

Dieses Beispiel zeigt, daß die Tätigkeit des Gesetzgebers wie des Richters nicht allein im Bewerten von Interessen, sondern darüber hinaus in der Interessenabwägung besteht. Im Rahmen dieser Interessenabwägung wird zwar zunächst auf das Wertverhältnis der sich gegenüberstehenden Interessen abgestellt, wobei entsprechende Bewertungsfaktoren herangezogen werden. Führt diese Interessenbewertung jedoch zu keinem Ergebnis, weil etwa die Interessen als solche gleichwertig sind, so müssen weitere Prinzipien herangezogen werden, die etwas über die Schutzwürdigkeit der Interessen aussagen können, wie z. B. die von Müller-Erzbach angeführte Machtlage. Daraus wird ersichtlich, daß die Interessenabwägung umfassender ist und die Interessenbewertung eine ihrer Unterarten darstellt. Dies hat zur Folge, daß der Katalog der bei der Interessenabwägung anzuwendenden Prinzipien umfangreicher ist und zugleich die Grundsätze der Interessenbewertung enthält.

Wenn Müller-Erzbach das „Bewerten des Interesses"[5] zum Gegenstand seiner Ausführungen gemacht hat, so meint er damit das gesamte Gebiet der Interessenabwägung[6]. Denn das Abstellen auf die Machtlage

---
[4] S. hierzu *Hubmann*, Grundsätze der Interessenabwägung, S. 95.
[5] *Müller-Erzbach*, Die Rechtswissenschaft im Umbau, S. 79.
[6] Aus diesem Grunde beziehen sich in den folgenden Erörterungen die Bewertungsmaßstäbe auf die Interessenabwägung insgesamt. In diesem Sinne ist auch Larenz bei seinen Ausführungen über die außergesetzlichen Bewertungsgrundlagen zu verstehen; s. ders., Methodenlehre der Rechtswissenschaft, S. 129 ff.

bedeutet nichts anderes, als daß ein zusätzliches Kriterium herangezogen wird, das zwar nichts über den Wertgehalt der Interessen aussagt, wohl aber über die weitergehende Frage ihrer Schutzwürdigkeit und das somit für die Interessenabwägung von wesentlicher Bedeutung ist[7].

Aus diesem Grunde sollen bei den nun folgenden Ausführungen über die vom kausalen Rechtsdenken aufgestellten Bewertungsgrundsätze die von anderen Lehren erarbeiteten Prinzipien der Interessenabwägung als Vergleichsmaßstab herangezogen werden.

§ 32 Das Interesse als Bewertungsobjekt und als Bewertungsmaßstab

Das Problem der Interessenabwägung glaubt die von der Tübinger Schule vertretene Interessenjurisprudenz dadurch zu lösen, daß der Begriff des Interesses nicht nur als Bewertungsgegenstand, sondern auch als Bewertungsmaßstab aufgefaßt wird. Nach Heck sind es „Entscheidungsinteressen" oder „tieferliegende Gemeinschaftsinteressen", auf denen die Abwägung der miteinander ringenden Interessen beruht. Es handelt sich daher um einen Fall der „Interessenberücksichtigung"[8].

Mit Recht wird dieses Verfahren wegen seiner sachlichen Widersprüchlichkeit abgelehnt. Die nach der genetischen Interessentheorie als Kausalfaktoren aufzufassenden Interessen können nicht gleichzeitig Bewertungsobjekt und Bewertungsmaßstab sein. Die Maßstäbe, auf Grund deren der Gesetzgeber seine Interessenwertung vornimmt, müssen hinreichend von den Interessen selbst getrennt werden[9]. Westermann beschränkt daher den Begriff des Interesses auf die „Begehrensvorstellungen, die die Beteiligten verfolgen müssen, wenn sie die ihnen günstige Rechtslage anstreben"[10]. Es ist also zu untersuchen, ob auch bei der

---

[7] So auch *Hubmann*, a.a.O., S. 93, über Müller-Erzbach: „Doch handelt es sich bei den Bewertungsfaktoren, die sich aus der Machtlage ergeben, nur um zusätzliche positive oder negative Vorzugstendenzen, die den Wertgehalt der Interessen an sich unberührt lassen und nur — sozusagen im Wege der Addition oder Subtraktion — die normative Kraft der Güter und Werte auf der einen oder anderen Interessenseite verstärken oder vermindern und so das Gesamtergebnis der Entscheidung verändern."
[8] *Ph. Heck*, Gesetzesauslegung und Interessenjurisprudenz, S. 232, Anm. 357.
[9] S. *Larenz*, Methodenlehre der Rechtswissenschaft, S. 52; *Westermann*, Wesen und Grenzen der richterlichen Streitentscheidung im Zivilrecht, Münster 1955, S. 15: „So sind im Falle des § 932 BGB Rechtsschein und Veranlassung, Verkehrsschutz und Eigentumssicherung Bewertungsmaßstäbe, nicht Interessen"; s. ferner seine Schrift „Interessenkollisionen und ihre richterliche Wertung bei den Sicherungsrechten an Fahrnis und Forderungen", Karlsruhe 1954, S. 4.
[10] *Westermann*, Wesen und Grenzen der richterlichen Streitentscheidung im Zivilrecht, S. 14.

Lehre vom kausalen Rechtsdenken eine derartige Identität zwischen Bewertungsobjekt und Bewertungsmaßstab gegeben ist.

Im Gegensatz zu Heck gibt es bei Müller-Erzbach keine Entscheidungsinteressen. Das Interesse als solches wird auch nicht als Bewertungsmaßstab herangezogen. Vielmehr stellt das Recht nach der kausalen Rechtslehre beim Bewerten eines Interesses auf die Macht- und Interessenlage des Interessenten sowie auf sein Verhalten ab[11]. Wenn auch die Interessenlage unter diese Bewertungsprinzipien fällt, so ist sie doch nicht mit dem Interesse als solchem und somit auch nicht mit dem Bewertungsobjekt identisch; denn sie stellt lediglich ein Kriterium dar, mit dessen Hilfe die Schutzwürdigkeit des Interesses selbst bewertet werden soll.

Der in diesem Zusammenhang von Larenz und Westermann[12] gegen Heck erhobene Vorwurf sachlicher Unklarheit gilt somit nicht für Müller-Erzbach. Dennoch weist auch das kausale Rechtsdenken hinsichtlich der Machtlage als Bewertungsfaktor einen wesentlichen Mangel auf: Bei der Interessenabwägung ist stets auf die Machtlage des Interessenten abzustellen. Die Machtlage, insbesondere das Beherrschungsvermögen[13], hängt wiederum von den Interessen ab, zu deren Gunsten sie ausgeübt wird[14]. Die Macht als neutrale Größe erhält ihren sozialen Wert von den Interessen, denen sie zu dienen bestimmt ist. Demnach handelt es sich bei ihr um einen Bewertungsfaktor, der sein Gepräge durch bestimmte Interessen erhalten hat. Es sind also wieder Interessen, die Eingang in den Bewertungsmaßstab gefunden haben und somit mittelbar auf die Interessenbewertung einwirken. Interesse bestimmt sich nach Macht, Macht bestimmt sich wiederum nach Interesse — ein Kreislauf, der eine sachliche Widersprüchlichkeit in sich birgt und daher zur Lösung des Bewertungsproblems wenig beiträgt.

§ 33 Der Mangel an umfassenden Bewertungsmaßstäben in der kausalen Rechtslehre

Wenn Müller-Erzbach hinsichtlich der Interessenabwägung ausschließlich auf die Interessen- und Machtlage des Interessenten sowie auf dessen Verhalten abstellt, so erhebt sich die Frage, ob dies die einzigen Bewertungsmaßstäbe sind oder diese zumindest so umfassend sind, daß weitere Wertungsgrundsätze von diesen abgeleitet bzw. auf diese zurückgeführt werden können.

---

[11] *Müller-Erzbach*, Die Rechtswissenschaft im Umbau, S. 91.
[12] Vgl. oben, Fußnote 9.
[13] Vgl. *Müller-Erzbach*, Die Rechtswissenschaft im Umbau, S. 98.
[14] Vgl. oben, § 9.

§ 33 Der Mangel an umfassenden Bewertungsmaßstäben 93

Da die kausale Rechtslehre die Lebenselemente beachtet wissen will, von denen das Gesetz ersichtlich ausgegangen ist, und diese Elemente zugleich als Bewertungsfaktoren aufgefaßt werden, soll sich die Untersuchung zunächst auf die *gesetzlichen* Bewertungsmaßstäbe beschränken.

Ausgehend von den Vorschriften über den gutgläubigen Eigentumserwerb läßt sich feststellen, daß die von Müller-Erzbach herangezogene Machtlage in Form des Erkennungsvermögens nicht ausreicht, um die vom Gesetzgeber vorgenommenen Interessenabwägungen zu erklären und gedanklich nachzuvollziehen. Die Vorschrift des § 932 BGB über den gutgläubigen Eigentumserwerb wird auf das mangelnde Erkennungsvermögen des Erwerbers zurückgeführt[15]. Die gleiche Machtlage liegt aber im Falle des § 935 BGB vor, auch hier sind dem Erwerber die näheren Umstände hinsichtlich des erlangten Gegenstandes in der Regel unbekannt. Wenn der Gesetzgeber dennoch einen gutgläubigen Erwerb ausgeschlossen hat, so liegt dies daran, daß als weiterer Bewertungsgrundsatz das Rechtsscheinprinzip herangezogen worden ist[16]. Dieses Prinzip rechtfertigt auch die Ausnahme des § 935 BGB; denn in diesem Falle hat der Eigentümer keinen Rechtsschein veranlaßt, der ihm vom Rechtsverkehr entgegengehalten werden kann.

Bereits dieser Fall zeigt, daß es neben den von der kausalen Rechtslehre aufgezeigten Bewertungsmaßstäben noch weitere gibt, ohne die eine vom Gesetzgeber wie auch vom Richter vorzunehmende Interessenabwägung nicht möglich ist.

1. Das Erfordernis eines Katalogs von gesetzlichen Bewertungsprinzipien

Um eine sachgerechte und lebensnahe Interessenabwägung durch Gesetzgebung und Rechtsprechung zu gewährleisten, ist es daher erforderlich, einen entsprechenden Katalog von gesetzlichen Bewertungsprinzipien aufzustellen. Zu diesem Ergebnis gelangt auch Reinhardt[17], der sich auf die Frage konzentriert, welche *Ordnungsgesichtspunkte* für die

---

[15] Vgl. oben, § 6 Nr. 3.
[16] Mot. III, S. 344: „Bei beweglichen Sachen bildet an Stelle des Grundbuchs die Inhabung und der Besitz des Veräußerers, welche denselben befähigen, den Erfordernissen des dinglichen Vertrages in der Übergabe zu genügen, die Grundlage des zu schützenden guten Glaubens." Vgl. hierzu *Westermann*, Wesen und Grenzen der richterlichen Streitentscheidung im Zivilrecht, S. 15, 17; ferner *Baur*, Lehrbuch des Sachenrechts, 3. Aufl., München, Berlin 1966, S. 436.
[17] *R. Reinhardt*, Methoden der Rechtsfindung, S. 17.

III. 1. Die gesetzlichen Prinzipien der Interessenabwägung

jeweilige Interessenabwägung von Bedeutung gewesen sind und was sich über sie aussagen läßt. Reinhardt fordert deshalb eine „Erforschung und Systematisierung der Gesichtspunkte, die zu der konkreten Entscheidung des Interessenkonflikts geführt haben"[18]. Um diese Gesichtspunkte oder Ordnungszusammenhänge aufzudecken, wird eine umfassende Analyse der Rechtsordnung für nötig gehalten[19], ein Beweis dafür, daß Reinhardt diese Bewertungsmaßstäbe als der Rechtsordnung immanent betrachtet[20].

Als Ordnungsgesichtspunkte werden unter anderem aufgeführt: der Schutz der Persönlichkeit und die daraus resultierende Anerkennung privater Initiative, der damit zusammenhängende Vertrauensschutz sowie die Rücksicht auf die Interessen Dritter[21].

Diesen von Reinhardt vorgezeichneten Weg hat Hubmann weiter beschritten und entsprechend der Forderung, „Grundsätze der Interessenabwägung herauszuarbeiten, die dem Richter Richtlinie und Maßstab sein können"[22], einen Katalog von Bewertungsprinzipien aufgestellt[23]. Wie Reinhardt versucht auch er, diese Prinzipien aus dem Gesetz durch eine entsprechende Analyse herauszulösen[24]. Dabei gelangt er zu dem Ergebnis, daß unter den Ordnungsprinzipien all die Gründe zu verstehen sind, „die den vor die Notwendigkeit der Entscheidung gestellten Menschen auffordern, der einen oder anderen Lösung den Vorzug zu geben, die ihn mit verschiedener Stärke zu einem Akt des Vorziehens und Nachsetzens veranlassen"[25].

Demgemäß sind es folgende Bewertungsfaktoren — auch Vorzugstendenzen genannt —, die der Interessenabwägung zugrunde liegen bzw. zugrunde liegen sollten: Die Rangordnung der Interessen entsprechend ihren Wertunterschieden — nach Hubmann die wichtigste Vorzugstendenz —, die Bewertungsprinzipien des Sachverhalts, wie Sachwidrigkeit von Interessen, Interessenidentität, Interessenhäufung, Interessennähe sowie Interessenintensität, korrespondierend mit der Intensität der Interessenverletzung, ferner die Bewertungsprinzipien menschlichen Verhaltens, wie Arglist, Verschulden, Gefährdung und Veranlassung.

---

[18] R. Reinhardt, a.a.O., S. 18.
[19] Ders., ebd.
[20] Vgl. Larenz, Methodenlehre der Rechtswissenschaft, S. 125.
[21] R. Reinhardt, a.a.O., S. 21 ff.
[22] Hubmann, Grundsätze der Interessenabwägung, S. 89.
[23] Ders., a.a.O., S. 97 ff.
[24] Ders., a.a.O., S. 95.
[25] Ders., a.a.O., S. 92.

§ 33 Der Mangel an umfassenden Bewertungsmaßstäben   95

Westermann[26] und Coing[27] gehen bei der Frage nach Bewertungsgrundsätzen von der Gerechtigkeitsidee aus. Sämtliche Wertungsprinzipien seien Folgerungen aus der Gerechtigkeitsidee und daher sei dieser bei der Interessenabwägung die größte Bedeutung zuzusprechen[28]. Coing, der von der Naturrechtslehre ausgeht und als deren Kernstück die Menschenrechte bezeichnet, behandelt als oberste sich aus der Rechtsidee ergebende Grundsätze das allgemeine Persönlichkeitsrecht mit den sich daraus ergebenden „subjektiven Grundrechten" wie körperliche Unversehrtheit und das Recht auf Eigentum[29], die soziale Gerechtigkeit bei Gleich- und Unterordnungsverhältnissen sowie Gemeinschaftsverhältnissen[30], ferner die zu den allgemeinen Grundsätzen der Gerechtigkeit gehörenden obersten Regeln des rechtlichen Verfahrens, wie z. B. die Unabhängigkeit des Richters[31].

Simitis[32] stellt zwar auch die Frage nach Bewertungsmaßstäben, gibt aber darauf keine präzise Antwort, sondern beschränkt sich auf die Feststellung, daß es eine Wertordnung gäbe, nach der die einzelnen Zustände bewertet würden.

Fraglich erscheint, ob die von Viehweg[33] erneut zur Sprache gebrachten Topoi als Bewertungsprinzipien aufzufassen sind. Diese Frage ist schon deshalb aufzuwerfen, weil umgekehrt in neuerer Zeit die „juristischen Grundwerte" und die „Gerechtigkeitsgesichtspunkte" als „Topoi des zu findenden richtigen Rechts" angesehen werden[34]. Dennoch dürfte diese Frage zu verneinen sein. Nach Viehweg werden die grundlegenden Gesichtspunkte durch die Annahme des Gesprächspartners legitimiert[35]. Ob sie ihren Niederschlag im Gesetz gefunden haben oder Ausdruck einer allgemeinen Wertordnung sind, wird offengelassen. Gerade darauf kommt es aber bei allgemeingültigen Bewertungsmaßstäben an.

---

[26] *Westermann*, Wesen und Grenzen der richterlichen Streitentscheidung im Zivilrecht, S. 16 f.
[27] *Coing*, Grundzüge der Rechtsphilosophie, Berlin 1950, S. 170 ff.
[28] *Westermann*, a.a.O., S. 16; s. ferner S. 20, wo außerdem auf die Zweckmäßigkeit als „Bewertungsfaktor besonderer Art" hingewiesen wird.
[29] *Coing*, a.a.O., S. 171.
[30] Ders., a.a.O., S. 179 ff.; in diesem Zusammenhang stellt Coing die drei Grundsätze der Machtbegrenzung auf, wonach die Machtausübung durch die Natur der Sache, d. h. den verfolgten sozialen Zweck begrenzt wird, einen anderen vom Genuß seiner Grundrechte nicht völlig ausschließen darf und der „Machtträger" an die Grundsätze von Treu und Glauben gebunden ist (S. 185 f.).
[31] Ders., a.a.O., S. 198 f.
[32] *Simitis*, Die faktischen Vertragsverhältnisse, S. 21 ff.
[33] *Viehweg*, Topik und Jurisprudenz, 3. Aufl., München 1965, S. 15 ff.
[34] *Henkel*, Einführung in die Rechtsphilosophie, München, Berlin 1964, S. 418 ff.; *Zippelius*, Das Wesen des Rechts, München 1965, S. 65 ff.
[35] *Viehweg*, a.a.O., S. 24.

III. 1. Die gesetzlichen Prinzipien der Interessenabwägung

Die Topoi erhalten jeweils ihren Sinn vom Problem her[36], im Gegensatz zum Rechtsprinzip, das in seiner Anwendbarkeit durch seinen objektiv feststehenden Sinngehalt beschränkt wird[37]. Bewertungsprinzipien müssen aber vom Problem unabhängig sein, um eine sachgerechte Wertung zu ermöglichen.

Mit Recht betont Diederichsen[38], daß das geltende Recht von zusammenwirkenden Ordnungsgesichtspunkten beherrscht werde, die insgesamt systematisierbar seien. Man braucht in diesem Zusammenhang nur an die von Reinhardt[39] aufgezeigten Ordnungszusammenhänge zu denken, um zu dem Ergebnis zu gelangen, daß unverbindlich herbeigeholte und auf subjektiver Überzeugung basierende Gemeinplätze nicht als Bewertungsmaßstäbe dienen können.

2. Die Unvollständigkeit der kausalen Rechtslehre hinsichtlich der Bewertungsprinzipien

Wenn auch die kausale Rechtslehre gemäß der von ihr aufgestellten Forderung, das Recht in seiner Lebensverwurzelung zu ergreifen, die Bewertungsfaktoren durch Erforschung der Zusammenhänge zwischen dem sozialen Sachverhalt und dem darauf bezogenen Rechtssatz ermittelt und somit den gleichen Weg wie Reinhardt[40] beschritten hat, weist sie bei weitem nicht einen so umfangreichen Katalog von Bewertungsmaßstäben auf, wie er nun einmal zur Lösung von Bewertungsproblemen erforderlich ist. Dies beweist bereits ein Vergleich mit den oben angeführten Arbeiten über die Bewertungsprinzipien, obwohl es sich dabei lediglich um einen kleinen repräsentativen Ausschnitt aus dieser Materie handelt. Zugleich aber zeigt die Gegenüberstellung, daß auch in diesen Arbeiten nicht von einem absoluten Maßstab ausgegangen wird und insoweit eine Übereinstimmung mit Müller-Erzbach besteht.

Andererseits ist jedoch festzustellen, daß der Großteil der in diesen Arbeiten enthaltenen Bewertungsmaßstäbe nicht auf die Interessen- und Machtlage zurückzuführen ist. Dies gilt sowohl für die von Reinhardt aufgezählten Ordnungsgesichtspunkte — so ist der in § 823 BGB unter anderem ausgesprochene Schutz der Körperintegrität nicht auf die Machtlage oder eine Besonderheit der Interessenlage zurückzuführen, sondern auf den „Schutz der Persönlichkeit" — als auch für die von

---

[36] *Viehweg*, a.a.O., S. 20.
[37] Vgl. *Diederichsen*, Topisches und systematisches Denken in der Jurisprudenz, NJW 1966, S. 697, 703.
[38] *Diederichsen*, a.a.O.
[39] *R. Reinhardt*, Methoden der Rechtsfindung, S. 20 ff.
[40] Ders., a.a.O., S. 25.

Hubmann aufgezeigten Vorzugstendenzen, jedoch mit gewissen Ausnahmen. So werden die Gesichtspunkte der Sachwidrigkeit von Interessen, der Interessenidentität wie auch die Prinzipien menschlichen Verhaltens von der kausalen Rechtslehre behandelt[41].

Der Gesichtspunkt der Gerechtigkeitsidee mit den sich daraus ergebenden Wertungsgrundsätzen wird von Müller-Erzbach nicht weiter berücksichtigt. Nur das daraus resultierende Rechtsscheinprinzip läßt sich auf den vom kausalen Rechtsdenken behandelten Vertrauensgrundsatz zurückführen[42].

Zweiter Abschnitt

Die außergesetzlichen Prinzipien der Interessenabwägung

§ 34 Der Entwicklungsgang der unabhängig vom Gesetz wirksamen Prinzipien

Obwohl Vertreter der modernen Interessentheorie bzw. Wertungsjurisprudenz wie Westermann[43] noch davon ausgehen, daß sämtliche vom Richter vorgenommenen Interessenabwägungen unmittelbar oder zumindest mittelbar aus gesetzlichen Bewertungsprinzipien hergeleitet werden und das Gesetz derartige Maßstäbe in genügender Anzahl enthält, wird man diese Meinung heute nicht mehr ohne weiteres vertreten können[44].

Auch bei einem kodifizierten Recht ist der Richter häufig gezwungen, außergesetzliche Bewertungsgrundlagen heranzuziehen, selbst wenn das Gesetz nicht eine entsprechende Verweisung enthält. Nach Esser handelt es sich dabei um unabhängig vom Gesetz wirksame Prinzipien, die sich „aus der Natur der Sache oder der betreffenden Institution" ergeben[45]. Die vorpositiven Prinzipien werden durch die Rechtsprechung in posi-

---

[41] *Müller-Erzbach*, Die Rechtswissenschaft im Umbau, S. 91 ff.
[42] Vgl. *Coing*, Grundzüge der Rechtsphilosophie, S. 183: „Das Vertrauen in ein bestimmtes Verhalten ist schutzwürdig. Darum muß sich jemand, der den vertrauenswürdigen Anschein einer bestimmten Rechtshandlung oder Rechtsposition erweckt, behandeln lassen, als läge die betreffende Rechtsposition wirklich vor."
[43] *Westermann*, Wesen und Grenzen der richterlichen Streitentscheidung im Zivilrecht, S. 31 f.
[44] Vgl. *Larenz*, Methodenlehre der Rechtswissenschaft, S. 129.
[45] *Esser*, Grundsatz und Norm in der richterlichen Fortbildung des Privatrechts, 2. Aufl., Tübingen 1964, S. 5.

tive Rechtssätze und Institutionen transformiert, nachdem ein umfangreicher Gedankenprozeß stattgefunden hat, in welchem sie „an einem exemplarischen Fall durch die Bewußtseinsschwelle ins juristische Denken" eingedrungen sind[46]. Als weitere außergesetzliche Bewertungsgrundlagen führt Esser die sogenannten „standards" an, worunter Leitbilder und Wertvorstellungen des Rechtsverkehrs wie der Standard des ordentlichen Kaufmanns, des lauteren Wettbewerbs und der erlaubten Presseberichterstattung zu verstehen sind[47]. Auf sie verweise das Gesetz häufig durch Generalklauseln[48].

Diese Ausführungen zeigen, wie wenig die kausale Rechtslehre in die Problematik der außergesetzlichen Bewertungsgrundlagen vorgedrungen ist. Dem Richter wird lediglich empfohlen, bei der Interessenabwägung auf die Macht- und Interessenlage des zu entscheidenden Falles abzustellen. Eine auch nur annähernd so tiefgreifende Behandlung, wie sie bei Esser zu finden ist und auch nur in diesem Umfang tatsächlich dem Richter helfen kann, wird leider vermißt.

§ 35 Die Konfliktslösung bei widerstreitenden Interessen

Ist das Verhältnis der sich gegenüberstehenden Interessen im konkreten Fall geklärt, so stellt sich dem Richter die weitere Aufgabe, eine Interessenschlichtung vorzunehmen. Diese kann in einem einseitigen Vorziehen des einen Interesses wie auch in einer verhältnismäßigen Zurücksetzung beider Interessen bestehen. Hubmann[49] stellt in diesem Zusammenhang eine Reihe von Prinzipien auf, so unter anderem das Ausgleichsprinzip sowie das Prinzip des schonendsten Mittels.

Entsprechend der etwas oberflächlichen Behandlung des Bewertungsproblems findet sich darüber in der kausalen Rechtslehre überhaupt

---

[46] *Esser*, a.a.O., S. 52 ff.; ferner S. 59: „Allenthalben wird sichtbar, daß es jeweils um Wertentscheidungen geht, die auf vorjuristische, nämlich ethische und sozialpolitische Maßstäbe zurückgreifen und doch der Transformierung in Rechtswahrheiten bedürfen, damit sie in einen bestehenden Ableitungszusammenhang positiver Geltung passen."

[47] Ders., a.a.O., S. 96 f.; s. zum Begriff des „standards" auch *E. E. Hirsch*, Der gesetzlich fixierte „Typ" als Gefahrenquelle der Rechtsanwendung (erläutert am Beispiel des Handelsvertreters), in: ders., Das Recht im sozialen Ordnungsgefüge, S. 161; ferner *Wieacker*, Gesetz und Richterkunst, Karlsruhe 1958, S. 12 ff., der als außergesetzliche Grundlagen die ausdrücklichen Wertungen des Verfassungsgebers, die eben erörterten standards, den ordre public, sowie die Natur der Sache bzw. die sachlogischen Strukturen benennt.

[48] S. hierzu *Westermann*, Interessenkollisionen und ihre richterliche Wertung bei den Sicherungsrechten an Fahrnis und Forderungen, S. 5.

[49] *Hubmann*, Grundsätze der Interessenabwägung, S. 123 ff.

§ 35 Die Konfliktslösung bei widerstreitenden Interessen

nichts. Die Konfliktslösung wird stets in der Form vorgenommen, daß das schutzwürdige Interesse vorgeht, obwohl auch ein Ausgleich der widerstreitenden Interessen möglich wäre[50].

---

[50] So z. B. in dem Fall der Einmanngesellschaft, für den Müller-Erzbach eine unbeschränkte Haftung des einzigen Gesellschafters ohne jede Ausnahme fordert, obgleich es auch gerechtfertigt wäre, die Interessen des Einmanngesellschafters nur dann einseitig zurückzusetzen, wenn sein Verhalten ein mißbräuchliches Ausnutzen des Instituts der GmbH darstellt; *Müller-Erzbach*, Recht der Mitgliedschaft, S. 386; Die Rechtswissenschaft im Umbau, S. 61; vgl. ferner § 26 Nr. 2. cc., Fußnote 186; s. zu diesem Problem auch R. *Reinhardt*, Gedanken zum Identitätsproblem bei der Einmanngesellschaft, in: Das deutsche Privatrecht in der Mitte des 20. Jahrhunderts, Festschrift für Heinrich Lehmann, II. Bd., Berlin, Tübingen, Frankfurt 1956, S. 576, 593. Vgl. ferner *Limbach*, Theorie und Wirklichkeit der GmbH, Berlin 1967, S. 107 ff.; *Kamprad*, Die Behandlung von Gesellschafterdarlehen an eine GmbH als verdeckte Stammeinlagen im Steuer- und Privatrecht, Berlin, Jur. Diss. vom 31. 10. 1967, S. 88 ff.

Viertes Kapitel

Abschließende Beurteilung

§ 36 Das kausale Rechtsdenken als rechtssoziologisch orientierte Methode der Rechtsanwendung

1. Die rechtssoziologische Auslegungsmethode

Aus den vorangegangenen Erörterungen ergibt sich, daß es sich bei der Lehre vom kausalen Rechtsdenken um eine Methode der Rechtsanwendung handelt[1], deren vornehmliches Ziel es ist, das Verhältnis zwischen Sozialleben und Rechtsordnung[2] festzustellen[3]. Sie erfüllt die Voraussetzungen einer empirischen Rechtssoziologie. Außerdem enthält sie Elemente der strukturell-funktionalen Theorie, da sie methodisch — wenn auch nicht explizit — im Sinne dieser Theorie vorgeht. Da das Recht im Rahmen rechtssoziologischer Forschung mit den in den Gesellschaftswissenschaften üblichen Methoden untersucht wird und die strukturell-funktionale Theorie zu jenen Methoden gehört, wendet die kausale Rechtslehre rechtssoziologische Erkenntnisse aus diesem Bereich an. Insoweit handelt es sich bei ihr um angewandte Rechtssoziologie.

Für die Interessenabwägung fordert die Lehre Müller-Erzbachs ebenfalls ein soziologisch orientiertes Verfahren. Während bei ihr die sozialen Verhältnisse im Zeitpunkt der richterlichen Entscheidung zugrunde gelegt werden, geht es im Rahmen der Ursachenforschung um die Ermittlung der für die jeweilige Rechtsbildung ursächlichen Elemente, die fast ausschließlich aus der Norm hergeleitet werden. Soweit also bei der Ursachenforschung rechtssoziologische Erkenntnisse herangezogen werden, beruht dies allein auf der Anwendung der strukturell-funktionalen Theorie.

---

[1] Vgl. *Müller-Erzbach*, Lassen sich das Recht und das Rechtsleben tiefer und sicherer erfassen?, S. 47 ff.

[2] In ihrer Faktizität gemeint.

[3] S. hierzu *Müller-Erzbach*, Erfassen des Rechts, S. 307: „Die Elemente der Rechtsbildung werden vielmehr erst ersichtlich, wenn die einfachsten Lebensfaktoren ermittelt werden, die auch sonst das Zusammenleben der Menschen bestimmen."

§ 36 Das kausale Rechtsdenken als Methode der Rechtsanwendung

Das kausale Rechtsdenken ist daher insgesamt als angewandte Rechtssoziologie zu verstehen[4]. Der Rechtsdogmatik wird somit eine rechtssoziologisch orientierte Betrachtungsweise an die Seite gestellt[5].

2. Der Gegensatz zur Interessenjurisprudenz im Sinne der Tübinger Schule

Im Gegensatz zur kausalen Rechtslehre geht die von der Tübinger Schule vertretene Interessenjurisprudenz lediglich von dem Interesse als rechtsbildendem Faktor aus. Die einzelnen Gesetzesgebote stellen demnach wie alle anderen Aktivgebote „Interessenprodukte" dar[6]. Die Erkenntnis, wonach für die Rechtsnormen jeweils bestimmte Interessen kausal sind, da sie bei dem Gesetzgeber entsprechende „Sollvorstellungen" hervorrufen, die sich anschließend in Gebote umsetzen, ist der Kern der von Heck vertretenen „genetischen Interessentheorie"[7].

Stellt man dem die von Müller-Erzbach herausgearbeiteten rechtsrelevanten Kräfte: Interesse, Macht und Vertrauen gegenüber, so zeigt sich, daß eine Erforschung lediglich der kausalen Interessen kein wirkliches Bild von der Lebensverwurzelung des Rechts vermittelt. Müller-Erzbach hat in überzeugender Weise dargetan, daß das Interesse nicht das allein wesentliche Element des menschlichen Zusammenlebens und somit auch der Rechtsbildung darstellt. Dies hat zur Folge, daß auch die übrigen Lebenselemente bei der Erforschung des Zusammenhanges zwischen Sozialleben und Rechtsordnung herangezogen werden müssen. Da derartige Überlegungen und auch ein entsprechendes Verfahren in jener „Interessenjurisprudenz" nicht zu finden ist, muß dort im Gegensatz zur kausalen Rechtslehre das Vorhandensein rechtssoziologischer Kriterien verneint werden.

Die von Heck vorgenommene Begriffsbildung, insbesondere die Bildung von „Interessenbegriffen" wie Interessenlage, Erfolgs-, Abwehr-

---

[4] Nur in diesem Sinne sind auch Müller-Erzbachs Äußerungen über eine soziologische Betrachtungsweise zu verstehen, die „auch" versucht, das Leben und das Recht verstandesmäßig zu erfassen. Vgl. ders., Erfassen des Rechts, S. 315: „Dahingegen fördert die *soziologische* Rechtsbetrachtung die Rechtswissenschaft dadurch, daß sie sich auch das Ziel setzt, das Leben und das Recht *verstandesmäßig* zu erfassen, und durch ein reiches Beobachtungsmaterial." (Hervorhebungen von Müller-Erzbach).
[5] Vgl. hierzu *Trappe*, Einleitung zu *Th. Geiger*, Vorstudien zu einer Soziologie des Rechts, S. 35; ferner *Wüstendorfer*, Die deutsche Rechtsprechung am Wendepunkt, S. 248 über die soziologische Rechtsprechung, worunter diejenige Rechtsfindungsmethode zu verstehen ist, welche „auf dem durch sozialwissenschaftliche Erkenntnis geläuterten Rechtsgefühl des Richters" basiert.
[6] *Ph. Heck*, Gesetzesauslegung und Interessenjurisprudenz, S. 17; ders., Interessenjurisprudenz, S. 12.
[7] Ders., Begriffsbildung und Interessenjurisprudenz, S. 73.

und Stabilitätsinteresse[8], hat sicher nicht dazu beigetragen, der Problematik der Lebenszusammenhänge und der durch sie bedingten Rechtsbildungsvorgänge näherzukommen[9].

Obwohl auch die Tübinger Schule die Bedeutung der vom Gesetzgeber vorzunehmenden Wertungen nicht verkennt und daher auch von der Rechtswissenschaft als einer „Wertforschung"[10] spricht, hat sie andererseits die „genetische Interessentheorie" und die damit verbundene Vorstellung von den Gesetzesnormen als Resultanten der um Anerkennung ringenden Interessen nicht aufgegeben. Während Müller-Erzbach dieser Erkenntnis dadurch Rechnung getragen hat, daß er seinen Kausalitätsbegriff im Sinne einer „mittelbaren Kausalität" verstanden wissen will, bleibt bei Heck und Stoll der Widerspruch zwischen einem tatsächlichen Ursachenzusammenhang im Sinne eines strengen Ursache-Wirkung-Verhältnisses und einer gesetzgeberischen Wertung bestehen[11].

Wie die kausale Rechtslehre hat auch die Tübinger Schule keinen allgemeingültigen Maßstab zur Abwägung der Interessen angegeben[12]. Im Gegensatz zu Heck und den übrigen Vertretern dieser Lehre hat jedoch Müller-Erzbach Bewertungsprinzipien herausgebildet, die im Rahmen einer richterlichen Interessenwertung auch dann herangezogen werden können, wenn die im Gesetz enthaltenen Werturteile nicht weiterhelfen. Diese Prinzipien geben dem Richter auch dann einen Hinweis, wenn er auf die von der Tübinger Schule verlangte „Eigenwertung"[13] infolge fehlender gesetzlicher Werturteile verwiesen wird.

3. Der Gegensatz zur Wertungsjurisprudenz

Mit Recht weist Pawlowski[14] darauf hin, daß das Recht im Zeitalter der Naturwissenschaften nicht allein die Tatsachen, sondern auch den Menschen mit seinen Wertungen suche. Die Interessenjurisprudenz sei sich jedoch nicht des Widerspruchs zwischen naturwissenschaftlichem

---

[8] *Ph. Heck*, Gesetzesauslegung und Interessenjurisprudenz, S. 151 ff., 191; *Stoll*, Begriff und Konstruktion in der Lehre der Interessenjurisprudenz, S. 80.

[9] Vgl. *Ph. Heck*, Die neue Methodenlehre Müller-Erzbachs, S. 273 ff.

[10] Ders., Begriffsbildung und Interessenjurisprudenz, S. 132.

[11] Vgl. hierzu die Kritik von *Larenz*, Methodenlehre der Rechtswissenschaft, S. 52 ff.

[12] Vgl. *Germann*, Probleme und Methoden der Rechtsfindung, Bern 1965, S. 81.

[13] Vgl. *Ph. Heck*, Gesetzesauslegung und Interessenjurisprudenz, S. 160.

[14] *Pawlowski*, Problematik der Interessenjurisprudenz, S. 1564.

und Persönlichkeitsdenken bewußt geworden[15]. Der Versuch, das Recht zu einer kausalen Wissenschaft zu erheben, habe deshalb fehlschlagen müssen.

Diese Überlegungen haben zur Wertungsjurisprudenz geführt, der „reifsten Form" der Interessentheorie[16]. Ihre Hauptvertreter sind Westermann[17], Reinhardt[18] und Hubmann[19].

Müller-Erzbach stimmt mit der Wertungsjurisprudenz insoweit überein, als auch er auf Grund der wertenden Tätigkeit des Gesetzgebers Hecks Lehre von der Gesetzesnorm als kausalem Produkt der Interessen ablehnt[20]. Jedoch führt diese Auffassung nicht zu einer Ablehnung der Kausalwissenschaft schlechthin, diese bleibt im Gegenteil weiterhin Mittelpunkt seiner methodischen Arbeiten. Nicht der einzelne Wertungsprozeß wird untersucht, sondern es geht um die Überprüfung der in den Normen enthaltenen Kausalelemente.

Wenn auch Müller-Erzbach die Lebenselemente Interesse, Macht und Vertrauen zu brauchbaren Bewertungsprinzipien entwickelt hat, so fehlt es doch an einem so umfangreichen Prinzipienkatalog, wie ihn die Wertungsjurisprudenz kennt[21].

§ 37 Die Lehre Müller-Erzbachs im Sinne eines funktionalen Rechtsdenkens und die Gründe für ihren geringen Einfluß auf die Rechtspraxis

Da das Verhältnis zwischen Sozialleben und Rechtsordnung im Sinne eines funktionalen Zusammenhanges aufgefaßt wird und außerdem in der kausalen Rechtslehre Elemente der strukturell-funktionalen Theorie enthalten sind, ist es gerechtfertigt, Müller-Erzbachs Lehre auch als „funktionales Rechtsdenken" zu bezeichnen. Sicherlich wäre eine Reihe von Mißverständnissen hinsichtlich des Charakters der kausalen

---

[15] Vgl. oben die Ausführungen über den Gegensatz zwischen der kausalen Rechtslehre und der Tübinger Schule.
[16] *Diederichsen*, Topisches und systematisches Denken in der Jurisprudenz, NJW 1966, S. 697, 698.
[17] *Westermann*, Wesen und Grenzen der richterlichen Streitentscheidung im Zivilrecht; ders., Interessenkollisionen und ihre richterliche Wertung bei den Sicherungsrechten an Fahrnis und Forderungen.
[18] *R. Reinhardt*, Methoden der Rechtsfindung.
[19] *Hubmann*, Grundsätze der Interessenabwägung.
[20] Vgl. dagegen *Larenz*, Methodenlehre der Rechtswissenschaft, S. 50, Fußnote 2, der davon ausgeht, daß Müller-Erzbach die gleiche Meinung wie Heck vertritt.
[21] Vgl. oben, § 33 Nr. 1.

IV. Abschließende Beurteilung

Rechtslehre vermieden worden, wenn Müller-Erzbach diese Bezeichnung gewählt hätte.

Obwohl seine Lehre insbesondere der Dogmatik und der Rechtspraxis dienen soll, ist sie dort im Gegensatz zur Tübinger Schule weitgehend unbekannt geblieben. Es stellt sich daher die Frage, worauf dies zurückzuführen ist.

In der Rechtspraxis haben wir es mit der Normativität zu tun, bei der *Grund* und *Folge* miteinander verknüpft werden. Der Kausalitätsgesichtspunkt ist für den Juristen nur insoweit von Bedeutung, als es etwa im Strafrecht oder Schadensersatzrecht um natürliche Geschehensabläufe geht, deren Enderfolg als Wirkung einer bestimmten Ursache zu betrachten ist. Der Kausalzusammenhang spielt also nur insoweit eine Rolle, als bestimmte Geschehensabläufe unter einen Tatbestand zu subsumieren sind.

Bei der Normenanwendung selbst will der Jurist von einer Kausalität nichts wissen; denn eine Norm kann nur *Rechtsfolgen* haben. Sie muß erst angewandt werden, damit die Rechtsfolgen eintreten. Es wäre also falsch, in diesem Zusammenhang von *Rechtswirkungen* zu sprechen[22].

---

[22] Besonders klar wird dies von *Larenz* (Methodenlehre der Rechtswissenschaft, S. 156 f.) ausgesprochen: „Die Geltung der Rechtsfolge beruht auf der im Rechtssatz enthaltenen Geltungsanordnung. Verfehlt ist daher die verbreitete Vorstellung, zwischen dem als tatbestandsgemäß erkannten *realen Sachverhalt* und der konkreten Rechtsfolge bestehe ein *Kausalzusammenhang* ... Daß ein bestimmter Sachverhalt, z. B. die Verletzung des A durch den B, eine bestimmte Rechtsfolge „hat", bedeutet nicht, daß er sie nach den Gesetzen des realen Geschehens in Raum und Zeit hervorbrächte, sondern daß sie ihm durch einen Rechtssatz, der „gilt", zugeordnet ist und daher, *wenn* er vorliegt, in Geltung tritt. Der Eintritt des realen Sachverhalts ist also die *Bedingung*, unter der die Rechtsfolgeanordnung allein wirksam wird, nicht aber die „Ursache" der Rechtsfolge. Zur Vermeidung jedes Mißverständnisses empfiehlt es sich deshalb, den Ausdruck „Rechtswirkung" zu vermeiden und nur von „Rechtsfolgen" zu sprechen, da sich mit der Vorstellung einer „Wirkung" sofort die einer „wirkenden Ursache" verknüpft". (Hervorhebungen von Larenz). Vgl. zu diesen Ausführungen die Rezension von *E. E. Hirsch*, Zu einer „Methodenlehre der Rechtswissenschaft", JZ 1962, S. 329, 332: „Deshalb ist Larenz auch darin zuzustimmen, wenn er darauf dringt, hier nicht von Rechtswirkungen, sondern von Rechtsfolgen zu sprechen, weil sich mit der Vorstellung einer Wirkung sofort die einer wirkenden Ursache verknüpft." Vgl. ferner *Kelsen*, Reine Rechtslehre, 1. Aufl., Leipzig, Wien 1934, S. 22: „So wie das Naturrecht einen bestimmten Tatbestand als Ursache mit einem anderen als Wirkung verknüpft, so das Rechtsgesetz die Rechtsbedingung mit der Rechts- (d. h. mit der sogenannten Unrechts-) folge ... So wie die Wirkung auf ihre Ursache, wird die Rechtsfolge auf ihre Rechtsbedingung zurückgeführt; aber diese kann von jener nicht als ursächlich bewirkt angesehen werden ... Die Beziehung der Strafe auf das Delikt, der Exekution auf den zivilen Unrechtstatbestand hat keine kausale, hat eine normative Bedeutung", vgl. auch die 2. Aufl., S. 78 ff.; s. ferner *R. Reinhardt*, Methoden der Rechtsfindung, S. 20.

Wird also der Kausalitätsbegriff von der Rechtspraxis nur verwandt, wenn es um die Würdigung eines subsumierbaren Geschehensablaufs geht, im übrigen jedoch von einem Grund-Folge-Verhältnis ausgegangen, so wird es verständlich, daß schon rein begrifflich das kausale Rechtsdenken in diesem Bereich wenig Anklang finden konnte.

Sicherlich ist der dem kausalen Rechtsdenken entgegengebrachte Argwohn auch auf die häufig nicht überzeugende Art der Begründung zurückzuführen. So werden nur Fälle angeführt, die sich mit Hilfe der Kausalmethode ohne jede Schwierigkeit lösen lassen, während etwas anders liegende Sachverhalte, die auch für diese Methode problematisch wären, überhaupt nicht berücksichtigt werden. Meistens bedürfen aber gerade diese Fälle einer überzeugenden Lösung. Es werden also stets passende Einzelfälle ausgesucht, so daß der Eindruck entsteht, als habe auch die kausale Rechtslehre keinen umfassenden Lösungsvorschlag zu bieten.

Hinzu kommt noch, daß die von der Tübinger Schule praktizierte historische Methode[23] auch in dem von Müller-Erzbach entwickelten Kausalverfahren ihren Niederschlag gefunden hat[24]. Die jetzt überwiegende Meinung stellt jedoch auf den objektiven Gesetzessinn ab und will zu dessen Ermittlung nur unter anderem den Willen des Gesetzgebers als ein historisches „Faktum" heranziehen[25]. Da die Rechtspraxis überwiegend dieser Auffassung folgt, muß sie zwangsläufig ein rein historisches Verfahren ablehnen.

§ 38 Die Verdienste des kausalen Rechtsdenkens

Trotz der Tendenz, historisch zu verfahren, hat es Müller-Erzbach stets verstanden, die Notwendigkeit der richterlichen Rechtsfortbildung darzulegen (cessante ratione legis cessat lex ipsa)[26] und somit seiner Lehre einen dynamischen Charakter zu verleihen.

---

[23] Vgl. *Ph. Heck*, Gesetzesauslegung und Interessenjurisprudenz, S. 60; ders., Interessenjurisprudenz, S. 12; *Stoll*, Begriff und Konstruktion in der Lehre der Interessenjurisprudenz, S. 71.

[24] Vgl. *Löhlein*, Das kausale Rechtsdenken als rechtswissenschaftliche Methode, S. 134.

[25] *Larenz*, Methodenlehre der Rechtswissenschaft, S. 237 ff. mit weiteren Zitaten; *Westermann*, Interessenkollisionen und ihre richterliche Wertung bei den Sicherungsrechten an Fahrnis und Forderungen, S. 4; ferner *Welzel* (Die Frage nach der Rechtsgeltung, Köln, Opladen 1966, S. 19), der das Vorhandensein eines objektiven Geistes ablehnt. Es muß jedoch zwischen der allgemeinen Rechtsüberzeugung als objektivem Geist und einem objektivierten Inhalt des Gesetzes unterschieden werden.

[26] Vgl. hierzu *Esser*, Einführung in die Grundbegriffe des Rechts und Staates, S. 182 f.

IV. Abschließende Beurteilung

Wenn auch die Lehre vom kausalen Rechtsdenken wenig Anklang in der Rechtspraxis gefunden hat, so wird dadurch ihr Verdienst nicht geschmälert, in überzeugender Weise die enge Verknüpfung zwischen Sozialleben und Recht dargestellt und zugleich das Erfordernis nachgewiesen zu haben, daß nur eine Erforschung dieser Beziehung ein verstandesmäßiges Erfassen des Rechts möglich macht[27].

Entsprechend diesen Erkenntnissen sollte das kausale Rechtsdenken sowohl für die Rechtswissenschaft als auch für die Rechtspraxis nutzbar gemacht werden. Für beide Bereiche ist das Verstehen der Norm von wesentlicher Bedeutung. Eine Ursachenforschung, die die Feststellung der für die Rechtsbildung kausalen Lebenselemente ermöglicht, kann hierbei gute Dienste leisten. Fraglich erscheint höchstens, ob die von Müller-Erzbach aufgezählten Lebensfaktoren ausreichen, um eine erfolgreiche Ursachenforschung durchzuführen und die gewünschten Ergebnisse zu erzielen. Dies ist aber ein untergeordnetes Problem, da es zunächst einmal darauf ankommt, überhaupt im Sinne dieses Kausalverfahrens tätig zu werden und somit das Interesse für die Lebensverwurzelung des Rechts zu steigern. Die Erfahrungen werden es dann zeigen, ob noch weitere Lebenselemente herangezogen werden müssen.

Wird das kausale Rechtsdenken in dieser Form nutzbar gemacht, wird es der Rechtswissenschaft einen tieferen Einblick in die Rechtsordnung und der Rechtspraxis eine lebensnahe Rechtsprechung ermöglichen. Genau dies ist das Anliegen, das Müller-Erzbach mit seiner Lehre verband.

---

[27] In diesem Sinne hat bereits *Müller-Erzbach* in einer Schrift aus dem Jahre 1908 (Der Durchbruch des Interessenrechts durch allgemeine Rechtsprinzipien, Iherings Jb. 53 (1908), S. 332, 371 f.) festgestellt, daß die „realistische Richtung" die einzig zulässige Forschungsmethode sei; vgl. auch die anläßlich des 80. Geburtstages Müller-Erzbachs von *Löhlein* herausgegebene Festschrift „Studien zum kausalen Rechtsdenken", München 1954, insbesondere die darin enthaltenen Ausführungen von *Würdinger*, Acceptkredit und Gefälligkeitsaccept, S. 117 ff.

Literaturverzeichnis

Ballerstedt, Kurt: Buchbesprechung zu: Das private Recht der Mitgliedschaft als Prüfstein eines kausalen Rechtsdenkens, in: DRZ 1950, S. 142 f.

Baumbach-Duden: Handelsgesetzbuch, Kommentar, 15. Aufl., München, Berlin 1962.

Baumbach-Hefermehl: Wechselgesetz und Scheckgesetz, Kommentar, 9. Aufl., München, Berlin 1967.

Baur, Fritz: Lehrbuch des Sachenrechts, 3. Aufl., München, Berlin 1966.

Cairns, Huntington: The Theory of Legal Science, Chapel Hill 1941.

Carlsson, Gösta: Betrachtungen zum Funktionalismus, in: Topitsch (Hrsg.), Logik der Sozialwissenschaften, Neue Wissenschaftliche Bibliothek, Köln, Berlin 1965, S. 236 ff.

Coing, Helmut: Grundzüge der Rechtsphilosophie, Berlin 1950.

— System, Geschichte und Interesse in der Privatrechtswissenschaft, JZ 1951, S. 481 ff.

Dahrendorf, Ralf: Struktur und Funktion, in: Dahrendorf, Gesellschaft und Freiheit, München 1961, S. 49 ff.

— Die Funktionen sozialer Konflikte, in: Dahrendorf, Gesellschaft und Freiheit, München 1961, S. 119 ff.

Diederichsen, Uwe: Topisches und systematisches Denken in der Jurisprudenz, NJW 1966, S. 697 ff.

Durkheim, Emile: Die Regeln der soziologischen Methode, Sammlung „Soziologische Texte", Band 3, Neuwied, Berlin 1961.

Ehrlich, Eugen: Grundlegung der Soziologie des Rechts, München, Leipzig 1913, unveränderter Neudruck 1929.

— Recht und Leben, Gesammelte Schriften zur Rechtstatsachenforschung und zur Freirechtslehre. Ausgewählt und eingeleitet von M. Rehbinder, Berlin 1967.

Eichler, Hermann: Recht, in: Ziegenfuß (Hrsg.), Handbuch der Soziologie, Stuttgart 1956, S. 913 ff.

Erman, Walter (Hrsg.): Handkommentar zum Bürgerlichen Gesetzbuch, 1. Band, 3. Aufl., Münster 1962.

Esser, Josef: Einführung in die Grundbegriffe des Rechts und Staates, Wien 1949.

— Grundsatz und Norm in der richterlichen Fortbildung des Privatrechts, 2. Aufl., Tübingen 1964.

Fechner, Erich: Rechtsphilosophie, 2. Aufl., Tübingen 1962.

— Das kausale Rechtsdenken — eine Gefahr für die Rechtswissenschaft?. Bespr. von Müller-Erzbach: Die Rechtswissenschaft im Umbau, Archiv für die civilistische Praxis, 151. Band (1950/51), S. 352 ff.

Geiger, Theodor: Vorstudien zu einer Soziologie des Rechts, Sammlung „Soziologische Texte", Band 20, Neuwied, Berlin 1964.

Germann, O. A.: Probleme und Methoden der Rechtsfindung, Bern 1965.

v. Gierke, Otto: Die Genossenschaftstheorie und die deutsche Rechtsprechung, Berlin 1887.

Gurvitch, Georges: Rechtssoziologie, in: G. Eisermann (Hrsg.), Die Lehre von der Gesellschaft, Stuttgart 1958, S. 182 ff.

Gutenberg, Erich: Betriebswirtschaftslehre als Wissenschaft, 4. Aufl., Berlin, Göttingen, Heidelberg 1961.

Hartmann, Heinz: Moderne amerikanische Soziologie, Stuttgart 1967.

Heck, Philipp: Gesetzesauslegung und Interessenjurisprudenz, Tübingen 1914.

— Begriffsbildung und Interessenjurisprudenz, Tübingen 1932.

— Das Problem der Rechtsgewinnung, 2. Aufl., Tübingen 1932.

— Interessenjurisprudenz, in: Recht und Staat, Heft 97, Tübingen 1933.

— Die neue Methodenlehre Müller-Erzbachs, Archiv für die civilistische Praxis, 140. Band (1935), S. 257 ff.

Henkel, Heinrich: Einführung in die Rechtsphilosophie, München, Berlin 1964.

Hirsch, Ernst E.: Das Recht im sozialen Ordnungsgefüge, in: ders., Das Recht im sozialen Ordnungsgefüge, Berlin 1966, S. 25 ff.

— Was kümmert uns die Rechtssoziologie?, in: ders., Das Recht im sozialen Ordnungsgefüge, Berlin 1966, S. 38 ff.

— Die Rechtswissenschaft und das neue Weltbild, in: ders., Das Recht im sozialen Ordnungsgefüge, Berlin 1966, S. 65 ff.

— Der gesetzlich fixierte „Typ" als Gefahrenquelle der Rechtsanwendung (erläutert am Beispiel des Handelsvertreters), in: ders., Das Recht im sozialen Ordnungsgefüge, Berlin 1966, S. 161 ff.

— Macht und Recht, in: ders., Das Recht im sozialen Ordnungsgefüge, Berlin 1966, S. 243 ff.

— Aufriß einer Vorlesung „Rechtssoziologie", in: ders., Das Recht im sozialen Ordnungsgefüge, Berlin 1966, S. 315 ff.

— „Rechtssoziologie", in: Bernsdorf-Bülow (Hrsg.), Wörterbuch der Soziologie, Stuttgart 1955, S. 414.

— Zu einer „Methodenlehre der Rechtswissenschaft", JZ 1962, S. 329 ff.

— Rechtssoziologie heute, in: E. E. Hirsch, M. Rehbinder (Hrsg.), Studien und Materialien zur Rechtssoziologie, Köln 1967.

Hubmann, Heinrich: Grundsätze der Interessenabwägung, Archiv für die civilistische Praxis, 155. Band (1956), S. 85 ff.

v. Ihering, Rudolf: Der Zweck im Recht, Band 1, 5. Aufl., Leipzig 1916.

Isay, Hermann: Die Methoden der Interessenjurisprudenz, Archiv für die civilistische Praxis, 137. Band (1933), S. 33 ff.

Kamprad, Balduin: Die Behandlung von Gesellschafterdarlehen an eine GmbH als verdeckte Stammeinlagen im Steuer- und Privatrecht, Berlin, Jur. Diss. vom 31. 10. 1967.

Keiter, Friedrich: Grundformen gesellschaftlich-kultureller Lebensvorgänge, in: Ziegenfuß (Hrsg.), Handbuch der Soziologie, Stuttgart 1956, S. 716 ff.

Kelsen, Hans: Reine Rechtslehre, 1. Aufl., Leipzig, Wien 1934, 2. Aufl., Wien 1960.
König, René (Hrsg.): Soziologie, Fischer-Lexikon, Band 10, Frankfurt, Hamburg (2. Auflage), 1967.
König, René: Einleitung zu E. Durkheim, Die Regeln der soziologischen Methode, Sammlung „Soziologische Texte", Band 3, Neuwied, Berlin 1961.
Larenz, Karl: Methodenlehre der Rechtswissenschaft, Berlin, Göttingen, Heidelberg 1960.
— Lehrbuch des Schuldrechts, Erster Band, Allgemeiner Teil, 7. Aufl., München, Berlin 1964.
Lasswell, Harold D.: Das Qualitative und das Quantitative in politik- und rechtswissenschaftlichen Untersuchungen, in: Topitsch (Hrsg.), Logik der Sozialwissenschaften, Neue Wissenschaftliche Bibliothek, Band 6, Köln, Berlin 1965, S. 646 ff.
Legaz y Lacambra: Rechtsphilosophie (Filosofia del derecho, deutsch), Übersetzung von Wolfram Krömer und Gertrud Krömer, Neuwied, Berlin 1965.
Limbach, Jutta: Theorie und Wirklichkeit der GmbH, Berlin 1967.
Löhlein, Roland: Das kausale Rechtsdenken als rechtswissenschaftliche Methode, JR 1950, S. 132 ff.
Löhlein, Roland (Hrsg.): Studien zum kausalen Rechtsdenken. Eine Festgabe zum 80. Geburtstag von Rudolf Müller-Erzbach, München-Pasing 1954.
Luhmann, Niklas: Funktion und Kausalität, in: Kölner Zeitschrift für Soziologie und Sozialpsychologie 14 (1962), S. 617 ff.
MacIver, Robert: Social Causation, Boston 1942.
Malinowski, B.: Anthropology, Encyclopaedia Britannica, First Supplementary Volume, London and New York 1926.
v. Mangoldt-Knopp: Einführung in die höhere Mathematik, 1. Band, 12. Aufl., Stuttgart 1962.
Martindale, Don: The Nature and Types of Sociological Theory, London 1964.
Maus, Heinz: Geschichte der Soziologie, in: Ziegenfuß (Hrsg.), Handbuch der Soziologie, Stuttgart 1956, S. 1 ff.
Mayntz, Renate: Soziologie in der Eremitage?, in: Topitsch (Hrsg.), Logik der Sozialwissenschaften, Neue Wissenschaftliche Bibliothek, Band 6, Köln, Berlin 1965, S. 526 ff.
Merton, Robert K.: Manifest and Latent Functions, in: ders., Social Theory and Social Structure, Toronto, Ontario 1957.
Müller-Erzbach, Rudolf: Die Grundsätze der mittelbaren Stellvertretung aus der Interessenlage entwickelt, Berlin 1905.
— Der Durchbruch des Interessenrechts durch allgemeine Rechtsprinzipien, Iherings Jb. 53 (1908), S. 332 ff.
— Gefährdungshaftung und Gefahrtragung, Archiv für die civilistische Praxis, 106. Band (1910), S. 309 ff.
— Die Relativität der Begriffe und ihre Begrenzung durch den Zweck des Gesetzes, Iherings Jb. 61 (1912), S. 343 ff.
— Deutsches Handelsrecht, 2. u. 3. Aufl. Tübingen 1928.
— Reichsgericht und Interessenjurisprudenz, Reichsgerichtsfestgabe Band 2, Berlin, Leipzig 1929, S. 161 ff.

Müller-Erzbach, R.: Wohin führt die Interessenjurisprudenz?, München 1932.
— Lassen sich das Recht und das Rechtsleben tiefer und sicherer erfassen?, Leipzig, München 1934.
— Die Interessen- und die Machtlage beim Kauf und deren Haupteinwirkungen auf die Rechtsgestaltung, in: Festschrift für Heinrich Lehmann zum sechzigsten Geburtstag, Berlin 1937, S. 141 ff.
— Die Hinwendung der Rechtswissenschaft zum Leben und was sie hemmt, in: Recht und Staat, Heft 125, Tübingen 1939.
— Das private Recht der Mitgliedschaft als Prüfstein eines kausalen Rechtsdenkens, Weimar 1948.
— Die Rechtswissenschaft im Umbau. Ihr Vordringen zu den bestimmenden Elementen des Zusammenlebens, München 1950.
— Das Erfassen des Rechts aus den Elementen des Zusammenlebens, veranschaulicht am Gesellschaftsrecht, Archiv für die civilistische Praxis 154. Band (1955), S. 299 ff.
— Kann die Kraft der Persönlichkeit die Planmäßigkeit der Rechtsfindung ersetzen?, JZ 1955, S. 561 ff.

Noelle - Neumann, Schramm: Umfrageforschung in der Rechtspraxis, Weinheim/Bergstraße 1961.

Nussbaum, Arthur: Die Rechtstatsachenforschung, in: Recht und Staat, Heft 6, Tübingen 1914.
— Die Rechtstatsachenforschung, Archiv für die civilistische Praxis, 154. Band (1955), S. 453 ff.

Oertmann, Paul: Interesse und Begriff in der Rechtswissenschaft, Leipzig 1931.

Palandt: Bürgerliches Gesetzbuch, 25. Aufl., München, Berlin 1966.

Parsons, Talcott and Edward A. *Shils:* Toward a General Theory of Action, Cambridge, Mass. 1951.

Parsons, Talcott: Systematische Theorie in der Soziologie, Gegenwärtiger Stand und Ausblick, in: ders., Beiträge zur Soziologischen Theorie, Herausgegeben und eingeleitet von Dietrich Rüschemeyer (aus dem Englischen übersetzt von Brigitta Mitchell in Zusammenarbeit mit Dietrich Rüschemeyer), Sammlung „Soziologische Texte", Band 15, Neuwied, Berlin 1963, S. 31 ff.
— The Social System, New York 1964.
— The Structure of Social Action, New York 1964.
— Die jüngsten Entwicklungen in der strukturell-funktionalen Theorie, in: Kölner Zeitschrift für Soziologie und Sozialpsychologie 16 (1964), S. 30 ff.

Pawlowski: Mittelbares und unmittelbares Rechtsdenken, NJW 1955, S. 130.
— Problematik der Interessenjurisprudenz, NJW 1958, S. 1561 ff.

Radcliffe-Brown, A. R.: On the Concept of Function in Social Science, in: American Anthropologist, 1935, 37, S. 395 ff.

Ranulf, Svend: Methods of Sociology. With an Essay „Remarks on the Epistemology of Sociology", Kopenhagen 1955.

Rehbinder, Manfred: Max Webers Rechtssoziologie: Eine Bestandsaufnahme, in: Kölner Zeitschrift für Soziologie und Sozialpsychologie, 1963, Sonderheft 7, S. 470 ff.

Rehbinder, M.: Entwicklung und gegenwärtiger Stand der rechtssoziologischen Literatur, in: Kölner Zeitschrift für Soziologie und Sozialpsychologie 16 (1964), S. 533 ff.
— Karl N. Llewellyn als Rechtssoziologe, in: Kölner Zeitschrift für Soziologie und Sozialpsychologie 18 (1966), S. 532 ff.
— Die Begründung der Rechtssoziologie durch Eugen Ehrlich, Berlin 1967.

Reinhardt, Rudolf: Gedanken zum Identitätsproblem der Einmanngesellschaft, in: Das deutsche Privatrecht in der Mitte des 20. Jahrhunderts. Festschrift für Heinrich Lehmann zum 80. Geburtstag, II. Band, Berlin, Tübingen, Frankfurt 1956, S. 576 ff.
— Methoden der Rechtsfindung, in: R. Reinhardt — W. König, Richter und Rechtsfindung, München, Berlin 1957.

Rüschemeyer, Dietrich: Einleitung zu Parsons, Beiträge zur soziologischen Theorie, Sammlung „Soziologische Texte", Band 15, Neuwied, Berlin 1963, S. 9 ff.

Sauer, Wilhelm: Buchbesprechung über Müller-Erzbach: Die Rechtswissenschaft im Umbau, in: DRiZ 1950, S. 120.

Schlegelberger: Handelsgesetzbuch, Kommentar, 1. Band, 4. Aufl., Berlin, Frankfurt 1960.

Simitis, Spiros: Die faktischen Vertragsverhältnisse, Frankfurt/Main 1957.

Soergel-Siebert: Bürgerliches Gesetzbuch, Kommentar, III. Band, Sachenrecht, 9. Aufl., Stuttgart 1960.

Staudinger, J. v.: Kommentar zum Bürgerlichen Gesetzbuch, I. Band, Allgemeiner Teil (bearb. v. F. Brändel, H. Coing), 11. Aufl., Berlin 1957.
— Kommentar zum Bürgerlichen Gesetzbuch, II. Band, Recht der Schuldverhältnisse, 2. Teil (bearb. v. F. Ostler, F. Kiefersauer, H. Riedel), 11. Aufl., Berlin 1955.
— Kommentar zum Bürgerlichen Gesetzbuch, III. Band, Sachenrecht, 1. Teil (bearb. v. G. Seufert, H. Berg, J. Ring), 11. Aufl., Berlin 1956.

Stoll, Heinrich: Begriff und Konstruktion in der Lehre der Interessenjurisprudenz, in: Festgabe für Philipp Heck, Max Rümelin, Arthur Benno Schmidt (Herausgegeben von H. Stoll), Tübingen 1931, S. 60 ff.

Stone, Julius: Social Dimensions of Law and Justice, Stanford 1966.

Stranz, Martin: Wechselgesetz, Kommentar, 14. Aufl., Berlin 1952.

Trappe, Paul: Einleitung zu Th. Geiger, Vorstudien zu einer Soziologie des Rechts, Sammlung „Soziologische Texte", Band 20, Neuwied, Berlin 1964, S. 13 ff.

Viehweg, Theodor: Topik und Jurisprudenz. Ein Beitrag zur rechtswissenschaftlichen Grundlagenforschung, 3. Aufl., München 1965.

Weber, Max: Rechtssoziologie (aus dem Manuskript herausgegeben und eingeleitet von Winckelmann), Sammlung „Soziologische Texte", Band 2, Neuwied, Berlin 1960.

Weiß, Carl: Erziehung, in: Ziegenfuß (Hrsg.), Handbuch der Soziologie, Stuttgart 1956, S. 875 ff.

Welzel, Hans: Die Frage nach der Rechtsgeltung. An den Grenzen des Rechts, Köln, Opladen 1966.

Westermann, Harry: Interessenkollisionen und ihre richterliche Wertung bei den Sicherungsrechten an Fahrnis und Forderungen. Vortrag, gehalten vor der Juristischen Studiengesellschaft in Karlsruhe am 23. April 1954, Karlsruhe 1954.

— Wesen und Grenzen der richterlichen Streitentscheidung im Zivilrecht, Münster 1955.

— Sachenrecht, 4. Aufl., Karlsruhe 1960.

Wieacker, Franz: Privatrechtsgeschichte der Neuzeit, Göttingen 1952.

— Gesetz und Richterkunst. Vortrag, gehalten vor der Juristischen Studiengesellschaft in Karlsruhe am 25. November 1957, Karlsruhe 1958.

Winckelmann, Johannes: Max Webers ‚Rechtssoziologie', Einleitung zu Max Weber, Rechtssoziologie, Sammlung „Soziologische Texte", Band 2, Neuwied, Berlin 1960, S. 15 ff.

Wöhe, Günter: Methodologische Grundprobleme der Betriebswirtschaftslehre, Berlin 1959.

— Einführung in die Allgemeine Betriebswirtschaftslehre, 4. Aufl., Berlin 1963.

Wolf - Lüke - Hax: Scheidung und Scheidungsrecht, Tübingen 1959.

Würdinger, Hans: Acceptkredit und Gefälligkeitsaccept, in: Löhlein (Hrsg.), Studien zum kausalen Rechtsdenken. Eine Festgabe zum 80. Geburtstag von Rudolf Müller-Erzbach, München-Pasing 1954, S. 117 ff.

Wüstendorfer: Die deutsche Rechtsprechung am Wendepunkt, Archiv für die civilistische Praxis, 110. Band (1913), S. 219 ff.

Ziegenfuß, Werner: Handbuch der Soziologie, Einleitung, Stuttgart 1956, S. I ff.

Zimmermann, L. J.: Geschichte der theoretischen Volkswirtschaftslehre, 2. Aufl., Köln 1961.

Zippelius, Reinhold: Das Wesen des Rechts, München 1965.

Printed by Libri Plureos GmbH
in Hamburg, Germany